FRAUEN IN WIEN

Ein Fotoband von Lisl Ponger
mit Texten von Christa Blümlinger
und Sylvia Szely

FRAUEN
BÜRO
MAGISTRAT DER STADT WIEN

Der vorliegende Fotoband "Frauen in Wien" ist das Ergebnis von zahlreichen Gesprächen, die fast ein Jahr lang, vor und während der Entstehung des Buches, zwischen den Mitarbeiterinnen des Frauenbüros, Frauenstadträtin Renate Brauner und den drei Auftragnehmerinnen Lisl Ponger, Christa Blümlinger und Sylvia Szely geführt worden sind.

Die beiden Textautorinnen führten dann im Rahmen des Projekts lange und intensive Gespräche mit den "Frauen aus Wien", aber es gab auch einen "Dialog" mit der Fotografin Lisl Ponger, die in ihren Bildern gemeinsam mit den Frauen versucht hat, ein Stück Lebensgeschichte darzustellen. Der Austausch der Erfahrungen, die bei der Kontaktaufnahme und bei der Arbeit mit den Frauen entstanden, haben auch den Blick auf das Projekt und das Projekt selbst verändert und das vorliegende Ergebnis erst ermöglicht.

Die Geschichten und die Geschichte dieser Frauen hat alle Beteiligten, auch über das Projekt hinaus, beschäftigt und immer wieder zusammengebracht. Lisl Ponger sagt dazu: "Wir haben uns mit dem Projekt entwickelt, und sind vielleicht noch sensibler und mutiger geworden".

Deshalb haben wir uns entschlossen, diesen Band nicht mit einem Vorwort zu eröffnen, sondern mit einem Gespräch: das folgende Interview ist ein Versuch, die Arbeit mit den Frauen zu reflektieren, die Idee des Fotobands verständlich zu machen, den Weg und das Ziel des Arbeitsschwerpunktes "Frauen sichtbar machen" zu definieren.

Zum Gespräch haben sich Frauenstadträtin Renate Brauner, die Fotografin Lisl Ponger und die Abteilungsleiterin des Frauenbüros der Stadt Wien, Daniela Lessing getroffen; moderiert hat Susanne Vesely, die das Projekt von Seiten des Frauenbüros betreut hat.

Der vorliegende Fotoband ist ein Teil des Arbeitsschwerpunktes "Frauen sichtbar machen". Sind die Frauen in unserer Stadt so unsichtbar?

Renate Brauner: Wenn wir durch Wien gehen und uns die Namen der Gassen und die Denkmäler anschauen, bekommen wir das Gefühl, daß es in dieser Stadt eigentlich nur Männer gegeben hat. Denn Straßen und öffentliche Bauten sind vor allem nach Männern benannt. Diese Stadt ist aber auch deswegen so eine wunderschöne Stadt, weil sie von vielen ganz außergewöhnlichen Frauen geprägt wurde. Nur sind diese Frauen häufig im Dunkel der Geschichte verschwunden, oder, und dieses Dunkel ist noch viel düsterer, im Dunkel des Alltags. Die Idee hinter "Frauen sichtbar machen" ist es eben, genau diese Frauen ans Licht zu holen, auf sie aufmerksam zu machen und klar zu machen, was sie alles geleistet haben.

Soll "Frauen sichtbar machen" ein historisches Wiederentdecken von Frauenpersönlichkeiten in Wien sein oder steht noch mehr dahinter?

Daniela Lessing: Der erste Schritt von "Frauen sichtbar machen" war die Plakataktion, bei der auf Straßenbahnwaggons vor allem historisch bedeutsame Frauen und ihre Biographien sichtbar gemacht wurden. Das waren berühmte Frauen, aber von vielen war nicht viel bekannt, oft auch nicht, daß sie Wienerinnen sind, wie Lotte Lenya oder Joy Adamson. Von Genia Quittner zum Beispiel, war es ganz schwer, ein Foto aufzutreiben.

Wir haben dann im Frauenbüro sehr viele Anrufe bekommen, von Menschen, die plötzlich mehr über diese Frauen wissen wollten, oder uns Informationen über andere Frauen gegeben haben. So hat sich dieses Projekt weiterentwickelt, und jetzt gibt es dieses Buch über Frauen der Nachkriegsgeneration in Wien und den zweiten Band über Emigrantinnen, Frauen die 1938 vor den Nationalsozialisten geflüchtet sind, die fast alle im Ausland geblieben sind und dort als Künstlerinnen weitergearbeitet haben. Da sieht man auch, was Wien an diesen Frauen verloren hat.

Renate Brauner: Wenn wir darüber sprechen, daß wir für Frauen in dieser Stadt die selben Chancen und Möglichkeiten haben wollen, wie es Männer schon seit vielen Jahren haben, wenn wir den Frauen, die hier leben, klarmachen wollen: das ist eure Stadt, sie gehört euch, und wir wollen, daß ihr euch hier wohl fühlt, gehört es auch dazu, dass diese Frauen, vor allem die jungen Mädchen, auch weibliche Identifikationspersonen kennenlernen. Sie sollen sehen, daß diese Stadt, unser Wien, ganz entscheidend von beeindruckenden, wunderschönen, intelligenten, kreativen, historisch wichtigen Frauen geprägt wurde und wird.

Und was kann es da für eine schönere Methode geben, als eine ebenfalls ganz tolle Frau, eine ganz bekannte und sehr sensible Fotografin zu bitten, einige dieser Frauen, die diese Stadt mit aufgebaut haben, also dieses demokratische Wien, fotografieren zu lassen und sichtbar zu machen. Das ist für mich die Idee hinter diesem Buch, und wer es nur ein bißchen durchblättert, die wunderschönen Fotos sieht und gleichzeitig auch die sehr sensiblen Texte liest, wird sehen, daß das auch gelungen ist.

Wenn man sich die Fotos der Frauen ansieht, merkt man, daß es nicht nur Momentaufnahmen sind, sondern einen Blick auf das Leben der Frauen preisgeben. Wie sind diese sehr subtilen Einblicke entstanden?

Lisl Ponger: Fotografie ist ein Medium, um etwas sichtbar zu machen. Die Idee war, zu versuchen, mit den Fotos auch immer eine Geschichte zu erzählen über das Leben dieser Frauen. Dazu habe ich sie gebeten sich auszusuchen, wo und wie sie fotografiert werden wollten. Es ging darum, mit den Frauen zusammen ein Bild zu entwerfen, das ich dann zwar fotografiert habe, aber dessen Inhalt ich mit den Frauen gemeinsam gestaltet habe. Sie sollten sich einen Ort in Wien aussuchen, der für sie eine Bedeutung hat.

Haben Ihnen die Frauen spontan und sofort einen Ort genannt oder war das Finden des Ortes ein längerer Prozeß?

Lisl Ponger: Es war nicht sehr kompliziert, jede Frau hat eigentlich schnell gewußt, wo sie fotografiert werden wollte. Ich habe angerufen und gesagt: "Denken Sie sich etwas aus, es kann mit Ihrem Leben zu tun haben, oder mit Ihrer Arbeit, oder mit irgendetwas Wichtigem in Wien". Über diesen Punkt ist dann auch eine bestimmte Art von Kommunikation entstanden, warum dieser Ort, und wieso fühlt man sich da wohl usw. Das war bei manchen Frauen die Wohnung, bei vielen waren es öffentliche Orte, die mit ihrer Arbeit zu tun hatten. Auf jeden Fall ein Ort, der wichtig war: es gibt eben auch ein Foto, auf dem Ilse M. Aschner zu sehen ist, die zum ersten mal wieder das Haus betritt, in der sie wohnte, bevor ihre Wohnung arisiert wurde. Das war natürlich kein positiver Zugang, aber für sie eine ganz wichtige Sache. Mit Thea Leitner bin ich beim Fototermin schwimmen gegangen, weil sie sagt, im Schwimmbad kommen ihr die besten Gedanken. Und so erzählt jedes Foto auch eine Geschichte, eine zweite neben dem Text.

Eine Frage, die wahrscheinlich schon oft gestellt worden ist, ist die: Welche Frauen wurden ausgewählt, und warum?

Daniela Lessing: Die Frage wird uns tatsächlich immer wieder gestellt, und auch wir haben sie uns am Anfang natürlich gestellt. Nach welchen Kriterien sollen wir diese Frauen aussuchen, wen sollen wir da nehmen? Wir haben jetzt ein Buch mit 28 Frauen, und Faktum ist, es ist eine sehr willkürliche oder zufällige Auswahl geworden, die uns aber rückblickend auf den Entstehungsprozeß sehr gefällt. Einige Biographien haben wir in Fachbüchern gefunden, andere Frauen, die wir gekannt haben, haben wir selbst vorgeschlagen, dann gab's Hinweise aus dem Freundinnen- oder Kolleginnenkreis, wie bei den Architektinnen der "Drachenburg", oder einfach per Zufall, wie z.B. bei Hedwig Hollitscher, die wir durch ihren Leserbrief entdeckt haben. Es sind Künstlerinnen dabei, Politikerinnen, Widerstandskämpferinnen, Wissenschaftlerinnen, Schriftstellerinnen, wirklich sehr verschiedene Frauen, und auch ihr Bekanntheitsgrad ist natürlich unterschiedlich. Auch das Alter variiert ziemlich, zwischen knapp über 60 bis über 90. Gemeinsam ist ihnen allen, daß sie vor dem zweiten Weltkrieg geboren sind, sehr spannende Schicksale und Berufskarrieren gehabt haben, und eigentlich wenig über sie, über ihr Leben bekannt ist. Daher auch die Idee, die Fotos in dieser Art Setting zu präsentieren und nicht klassische Biographien dazuzustellen, sondern die Frauen zu einem Gespräch mit den Autorinnen zu bitten.

Wie sehen die Frauen selbst dieses Projekt?

Daniela Lessing: Als die fertigen Texte da waren, und wir sie vorgelegt haben,– na das war ein Riesentrara. Wir haben immer wieder gehört , das sind ja lauter Banalitäten, ich hab ja nur so geplauscht, das ist ja kein echtes Interview gewesen. Aber genau das wollten wir, es sollte eben nicht jedes chronologische Detail aufgezählt sein, sondern ein lebendiges Bild von diesen Frauenleben entstehen, und das ist ja bei allen Frauen in diesem Band spannend genug.

Renate Brauner: Genau das ist es, Frauen, die im Widerstand tätig waren , nicht die "Berühmten", sondern die vielen, die dann sagen, "da war nix, ich hab ja gar nichts gemacht, i hab ja nur die Flugblätter der Revolutionären Sozialisten in der Einkaufstasche von da nach dort bracht". Die haben ihr Leben riskiert, aber "nix gemacht". Das ist ein typischer Satz für Frauen, und der zieht sich bis in die Gegenwart. Ich hoffe sehr, daß viele, viele Frauen dieses Buch lesen, und vor allem daß viele junge Mädchen dieses Buch lesen und sehen, es gibt viele Identifikationspersonen, nach denen sich Frauen richten können, wenn sie einen eigenständigen Weg gehen wollen.

ERIKA DANNEBERG

Geboren wurde Erika Danneberg im 5. Bezirk, in der Ramperstorffergasse Nummer 56. Ihre Eltern lebten in einer Zimmer-Küche-Kabinett- Wohnung, Erika, das erste von drei Kindern, kam zu Hause auf die Welt. Mit neun Monaten, so will es die Familien-überlieferung, konnte sie bereits laufen, war sie schon mobil – eine Tatsache, die sie sich viele Jahre später so erklärt hat: "Ich hab so früh zu laufen angefangen, um selbst über den Gang hinüber gehen zu können in die Wohnung der Großeltern. Denn dort war alles viel schöner." - Mobilität, Flexibilität, Veränderung - könnte auch als Motto über der Lebensgeschichte der Erika Danneberg stehen, das sind zentrale Motive. Unser Gespräch führt uns nicht nur quer durch Wien und weit in die Welt hinaus, nach Lateinamerika; immer sind diese topographischen Stationen zugleich auch Kristallisationspunkte einer inneren Befindlichkeit, die Orte sind verquickt mit Menschen, mit politischen Ereignissen, mit privaten und beruflichen Entwicklungen, mit vielen Geschichten und Anekdoten.

Die ersten wichtigen Menschen waren die Großeltern, prägende Erinnerungen sind mit ihnen verbunden. Die Großmutter – so Erika Danneberg rückblickend – war "die erste emanzipierte Frau meines Lebens". Schon die Großmutter hatte ein Talent zum Schreiben, mußte jedoch Geld verdienen und schrieb – um die Familie über Wasser zu halten – "gehobene Kitschromane", sorgfältig recherchierte historische Liebes-geschichten. Um so mehr war es ihr ein Anliegen, das sich schon früh zeigende Schreibtalent Erikas zu fördern, damit aus ihrer Enkelin unabhängig von äußeren, materiellen Zwängen, wie sie sie an sich selbst erlebt hatte, etwas werden könne. Und auch der Großvater widmete seiner ältesten Enkeltochter viel Zeit und Aufmerk-samkeit, bevölkerte ihre Kindheit mit Geschichten und Märchen, die in der Ramperstorffergasse angesiedelt waren und den Mikrokosmos des 5. Bezirks zum Leben erweckten. Das Verhältnis zu den Eltern war nicht so ungetrübt. Im Maturajahr 1938/39 kam es mit dem Vater, der Journalist gewesen und von jeher deutsch-national gesinnt war, zu ersten politischen Auseinandersetzungen: Als Schülerin des Frauenerwerbvereins am Wiedner Gürtel, der einen relativ hohen Anteil an jüdischen Mädchen aufwies, hatte Erika Danneberg die beginnende Judenverfolgung aus nächster

Nähe miterlebt. Sie war nicht nur mit einer Reihe der betroffenen Mädchen befreundet; eine von ihnen stand ihr durch die gemeinsam entwickelten politischen - damals noch ein vager links-pazifistischer Antifaschismus - Interessen ganz besonders nahe. In dieser Zeit wurde ihr ein Haus am Wienerberg zum "Zufluchtsort" – auch heute noch hat der 10. Bezirk für Erika Danneberg eine ganz besondere Bedeutung.

Es sind der Drang nach Bewegungsfreiheit und Unabhängigkeit, von nun an aber auch das politische Bewußtsein, die ihre weiteren Handlungen und Aktivitäten leiten: Nach dem Arbeitsdient, den während des Dritten Reiches alle Mädchen, die studieren wollten, obligat zu absolvieren hatten, beginnt Erika Danneberg zunächst eine Lehre in einer Verlagsbuchhandlung. Ein begonnenes Germanistik Studium muß sie, da sie den geforderten Nachweis entsprechender politischer Betätigung nicht erbringen kann, abbrechen. Die letzten Wochen des Krieges erlebt sie als dienstverpflichtete Schreibkraft der Deutschen Wehrmacht in Stockerau. Inzwischen hat sie das Elternhaus verlassen und ist zu ihrem Onkel gezogen; dort hilft sie mit, die im Keller des Hauses Versteckten zu betreuen. Sie erzählt mir von der Befreiung Wiens durch die Rote Armee und von der Befreiung eines jüdischen Ehepaars aus jenem Keller und hat dabei Tränen in den Augen. Nach dem Krieg inskribiert sie abermals Germanistik. In einem Arbeitskreis schreibender Studierender lernt sie Walter Toman kennen; mit ihm gibt sie nicht nur die erste Nachkriegs- Anthologie österreichischer Lyrik heraus ("Das tägliche Bemühen. Gedichte österreichischer Hochschüler" 1946/47); Walter Toman, damals bereits Assistent von Hubert Rohracher, kann Erika Danneberg, die vom Studium der Germanistik enttäuscht ist, für die Psychologie interessieren. Sie dissertiert über den "Einfluß des Krieges auf die Entwicklung junger Menschen" – ein Thema, das dem streng naturwissenschaftlich und positivistisch arbeitenden Doktorvater Hubert Rohracher nur schwer abzuringen ist.

Bereits 1947 hat sie den jüdischen Schriftsteller Hermann Hakel geheiratet, zehn Jahre lang ist sie dessen "mittätige Frau". Als die Ehe in die Krise gerät, schlägt Erika Danneberg wieder einmal neue Wege ein: Franz Theodor Csokor, damaliger PEN- Club Präsident und ein Freund ihres Mannes, vermittelt sie als Übersetzerin aus dem Englischen und Französischen an den Zsolnay Verlag; und aus dem so verdienten Geld finanziert sie - "Ich wollte überleben." - eine Analyse. Schließlich wird aus der eigenen Analyse eine Lehranalyse und die Ausbildung zur Psychoanalytikerin. 1968 und die Folgen rezipiert sie nicht zuletzt aus der Perspektive einer politisch Stellung beziehenden Psychoanalytikerin; auf die Frage, wie er denn zu ihr gekommen sei, antwortet einer ihrer Patienten: "Das weiß man doch in Wien, daß die Danneberg politisches Engagement nicht a priori als neurotisches Symptom behandelt!" Erika Danneberg interessiert sich sehr früh für Gruppentherapie und übernimmt Anfang der siebziger Jahre – neben Hedda Eppel und Harald Leupold-Löwenthal – zentrale Positionen in der Wiener Psychoanalytischen Vereinigung.

Aber auch die siebziger Jahre sollten noch einmal eine Zeit grundlegender Neuorientierungen und Veränderungen werden: Erika Danneberg tritt der KPÖ bei, gegen Ende des Jahrzehnts beginnt sie ihr Engagement für Lateinamerika. Im Februar 1984 reist sie zum ersten Mal nach Nicaragua, um, dreiundsechzigjährig, im Psychiatrischen Krankenhaus von Managua beim Aufbau von Salud Mental (etwa "Psychosozialer Dienst unter revolutionären Bedingungen") zu helfen und damit ein Projekt ihrer Kollegin und Freundin Marie Langer zu unterstützen. Insgesamt sollte sie Nicaragua neun Mal besuchen, um dort zu arbeiten – und zuletzt zu einer ihrer frühesten Leidenschaften zurückkehren, die sie selbst lange als "Jugendsünde" abgetan hat: dem Schreiben. Zwei Bücher sind bereits erschienen, die – ausgehend von ihren Erfahrungen und Erlebnissen in Nicaragua – die Notwendigkeit, Widerstand zu leisten, thematisieren, ein drittes entsteht gerade.

Allen porträtierten Frauen stelle ich am Ende des Gesprächs die Frage, ob es etwas gäbe, das ihnen wichtig wäre, das sie noch mitteilen wollten. Erika Danneberg gibt mir einen Satz und viele Stichworte mit auf den Weg, nach einer kurzen konzentrierten Pause sagt sie: "Ja – wie geht man um mit diesem offenbar nie zu befriedigenden Wunsch, irgendetwas zur Veränderung der Welt beizutragen?" Sie sagt: "Die totale Etablierung des Kapitalismus – das kann nicht unsere Zukunft sein." - und spricht von der Schwäche der Linken in Österreich, schon 1945, nach Kriegsende hätte sie den Eindruck gehabt, daß niemand wirklich etwas anders machen wolle. An diese Stimmung fühle sie sich auch heute oft erinnert. S.SZ.

WIE EFEU AN DER MAUER
DAS EG-LESE
WILD WOMEN

GERTA HÜTTL-FOLTER

Im eigenen Land hat die gebürtige Wienerin zwar studiert - Hauptfach Slawische Philologie -, doch zur Professorin konnte sie hier nicht werden. Schon Prof. Ferdinand Liewehr, der die Russophile in den Kriegsjahren am Institut für slawische Philologie empfing, hatte ihr eingangs beschieden: "Man sieht es nicht gerne, wenn Damen sich habilitieren". Als die in der Folge nach Paris weitergezogene Forscherin mit ihrer "très honorablen" französischen Dissertation, einer kritischen Monographie über die Sprache eines sogenannten Erneuerers des russischen Wortschatzes, in Wien um ein Habilitationsverfahren ansuchen wollte, antwortete der damalige Wiener Institutsvorstand nicht einmal auf ihren Brief. In den Nachkriegsjahren verhielt man sich an österreichischen Universitäten nicht nur gegenüber rückkehrwilligen Emigranten abweisend, man wappnete sich vor international orientierter Konkurrenz - erst recht, wenn sie von weiblicher Seite kam.

Gerta Hüttl-Folter mußte einen weiten Weg antreten, bevor man sie 1972 als ordentliche Professorin an ihr ursprüngliches Heimatinstitut in Wien berief: Aus Paris ging die Doktorin an die Harvard-University, um dort unter anderem bei Roman Jakobson und Dimitrij Tschizewskij weiterzustudieren. Mit Unterstützung eines amerikanischen Mäzens, der slawistische Forschungen förderte, und aus dem Geld des Theodor-Körner-Preises konnte sie ihre erweiterte Dissertation in Wien 1956 unter dem Titel "Bereicherung des russischen Wortschatzes im XVIII. Jahrhundert" veröffentlichen. An der University of California (UCLA) wurde sie dann Assistant Professor und Associate Professor, schließlich Ordinarius für Slawische Philologie. Zahlreiche Stipendien aus Österreich, Frankreich und Amerika erlaubten ihre Spezialisierung in der Erforschung der Entwicklung der russischen Literatursprache, für die sie weltweit anerkannt ist. Ihr jüngstes Buch, "Syntaktische Studie zur neueren russischen Literatursprache", erschien 1996 und hat sie zehn Jahre Forschung gekostet.

Wir sprechen miteinander in der Wohnung der Slawistin, umgeben von ihren Büchern. Ihre Bibliothek, bemerkt Gerta Hüttl-Folter, sei zusammengeschrumpft, sie hat beim Übersiedeln nach Wien vieles in Amerika gelassen. Ich frage nach der Wiener Institutsbibliothek. Den Umstand, daß diese überhaupt noch den Bestand von vor 1945 aufweist, hat das Institut der ehemaligen studentischen Hilfskraft Hüttl zu verdanken. Die männlichen Institutsmitglieder waren zu Kriegsende entweder noch nicht wieder da oder aufgrund ihrer NS-Vergangenheit geflohen, als russische Soldaten mit dem Befehl anrückten, die Bücher zu beschlagnahmen, stellte sie sich hin und verbot ihnen den Weg. Ob sie sich nicht fürchte, fragten die Soldaten sie. Mit unglaublicher Chuzpe antwortete die junge Studentin auf Russisch, "Ich fürchte mich nicht vor dem Teufel, warum soll ich mich vor Euch fürchten?" Aus dem Mund einer Frau wirkte der Satz. Freilich dankte man ihr am Institut diesen Einsatz nicht. "In ein Reisebüro oder ins Ausland gehen", hatte ihr, der ersten weiblichen Russisch-Studentin Wiens, nach dem Studium in weiser Voraussicht der Vater Heinrich Hüttl geraten, der sie als autodidaktischer Philologe zeitlebens in ihrer intellektuellen Aktivität unterstützte.

Ihre Motivation, Slawistik zu studieren, kam nicht bloß von väterlicher Seite: Hüttl-Folters Mutter war südslawischer und tschechischer Herkunft und stand immer selbstbewußt zu ihren Wurzeln. Der Vater wurde als hoher Polizeioffizier sofort nach dem Anschluß von der Gestapo verhaftet. Unter anderem wurde ihm vorgeworfen, jüdischen Umgang zu pflegen. Er hatte in der Tat seinen jüdischen Hausarzt, der auch für Gerta eine wesentliche Rolle als geistiger Förderer und Unterstützer gespielt hatte, vor der Verhaftung gewarnt, sodaß dieser emigrieren konnte. Aus Dachau kam der Vater nach einigen Monaten wie durch ein Wunder zurück. Die Familie hatte man inzwischen delogiert, der Mutter eine "Witwenpension" zuerkannt. Auch die junge Gerta wäre beinahe von den Nazis verhaftet worden: Jemand hatte sie denunziert, weil sie gesagt hatte, daß es auch Napoleon nicht gelungen sei, bis Moskau zu kommen.

Professor Liewehr, der nicht wußte, daß ihr Vater im KZ gewesen war, verteidigte und schützte sie.

Gerta Hüttl-Folter bemerkt als überzeugende Chronistin ihres Fachs über die NS-Zeit: "Die einzige Anständige während des Krieges war an diesem Institut die Bedienerin." Als nach 1945 ein ehemaliger Nazi berufen werden sollte, der sich anläßlich seiner Habilitation während des Krieges in Uniform mit den Verbrechen gebrüstet hatte, die er am Balkan begangen hatte, drohte sie mit der Wahrheit und verhinderte so die Besetzung. Diese Form von Zivilcourage gereichte ihr nicht immer zum Vorteil. Noch viele Jahre später, als sie als Professorin wieder nach Wien kam, fühlte sich die Rückkehrerin unter ihren Kollegen, die alle Männer waren, recht isoliert. Ihr eigentlicher Anschluß ist immer noch die internationale Forschungs-Community.

"Ich wurde so frei erzogen, daß ich immer das sagte, was ich mir dachte", bemerkt sie ohne Bedauern. Doch ihrer Assistentin, die ihr zur geistigen Tochter geworden ist, rät sie heute, diplomatisch zu sein. Die erste Inhaberin eines Lehrstuhls für Russistik, die in ihrer studentischen Jugend zusammen mit ihrer Freundin von "Weiberlehrstühlen" geträumt hatte, sieht mit Genugtuung heute ihr Fach in den guten Händen einer Nachfolgerin. Als Bürgerliche hatte sie zwar nie an der Seite linksorientierter Feministinnen gekämpft, sich aber im Bewußtsein der Benachteiligung, die ihr selbst widerfahren war, in einem anderen Zusammenhang einmal bewußt für die weibliche Besetzung einer Professur eingesetzt, weil ihr diese Kandidatin für das Institut am geeignetsten erschien. Sie blieb im österreichischen Wissenschaftsbetrieb wenig integriert, wohl weil sie parteipolitisch nicht organisiert und an Machtpolitik nicht interessiert war. Trotz allem sei sie sehr glücklich gewesen, nach Wien zurückzukehren, bekennt Gerta Hüttl-Folter. "Ich bin eine gebürtige Wienerin, mit allen Fehlern und Vorzügen." C. B.

KLARA HAUTMANN

"Das ist eine Kraft, die in mir steckt, mit der ich geboren bin", sagt Klara Hautmann, die nur so sprudelt vor Energie und Ideen. Oder: "Ich bin so ein aktiver Mensch, der immer etwas plant und keine Ruh' gibt mehr ...", oder auch: "Es ist mein Leben, daß ich ununterbrochen male oder modelliere ...". Wir sitzen im Wohnzimmer, an den Wänden hängen ihre Ölbilder, ihre Aquarelle, überall ihre Tonfiguren, ihre Kacheln und Keramiken, dazwischen auch Arbeiten ihrer Nichte, eine ganze Stellage voll Tonköpfen von Kollegen und Freunden, Alfred Hrdlicka, Ernst Fuchs oder etwa Otto Tausig: Porträts in Ton, die sie ganz schnell, binnen einer Stunde macht; nur in dieser kurzen Zeit behält der Ton die richtige Konsistenz und sie kann sich auf den ersten Eindruck vom Gesicht gegenüber konzentrieren. Ton liegt ihr, ebenso wie die Aquarellmalerei, diese Materialien ermöglichen ein Arbeiten, das nicht zu streng und genau ist; es ist weiches, bewegliches Material, flexibel.

Klara Hautmann ist flexibel, hat flexibel sein müssen. 1938 mußte sie mit ihren Geschwistern und Eltern Wien verlassen, aus "rassischen Gründen", wie es hieß. Mit knapper Not konnten sie ihren Vater noch rechtzeitig aus dem Konzentrationslager Dachau herausholen: die Mutter mußte um viel Geld, das kaum aufzutreiben war, eine Schiffspassage nach Shanghai kaufen und er selbst mußte unterschreiben, daß er das Land nie mehr betreten würde. Die Familie konnte schließlich nach London emigrieren. "Man nimmt es nicht so tragisch, wenn man jung ist", sagt Klara Hautmann, "aber es ist ein Einschnitt im Leben". Da Vater und Schwester krank waren, mußte sie arbeiten: Sie besuchte zunächst als erste Ausländerin ein Trainingscenter für Feinmechanik – sie zeigt mir das Foto, das aus diesem Anlaß von ihr im "Evening Standard" erschien – und absolvierte dort die Feinmechanikerlehre. Später ging sie zum Arbeitsamt: sie wollte technische Zeichnerin werden. Auch das gelang, sie besuchte die Abendschule. Bereits 1946 kam sie nach Wien zurück. Sie konnte bei einer Tante wohnen und bekam einen Posten als technische Zeichnerin bei der Firma Goerz. Aber Klara Hautmann wollte studieren, wollte – und mußte wohl auch - kreativ sein. Woher kommt das, frage ich. Schon in der Volksschule zeichnete sie – beinahe zwanghaft - barocke Muster in ihre Hefte, mit ganz speziellen Federn, die ihr die Mutter kaufen mußte. Sie wohnte damals mit ihrer Familie gegenüber von Schönbrunn und war täglich im Park, ging später quer durch den Park in die Schule in die Wenzgasse: wahrscheinlich habe die Atmosphäre von Schönbrunn auf sie eingewirkt. In der Mittelschule bekam sie erste Preise und Auszeichnungen, "aber dann durch die Emigration war das weg, verstehen Sie, es ist nicht so einfach, seine Heimat zu verlassen."

Als bei der Firma Goerz die Stelle einer Telefonistin frei wurde, sprang Klara Hautmann ein, mit dem Hintergedanken, daß sie dort mehr Zeit haben würde fürs Zeichnen: so bereitete sie sich für die Aufnahmsprüfung auf die Akademie der bildenden Künste vor. Ab 1947 studierte sie Bühnenbild. Sie erzählt von dem Gefühl nach der bestandenen Aufnahmsprüfung, vor den Treppen der Akademie stehend: "... also das gibt es nicht, daß dieselbe, die weg war und die weg müssen hat, auf einmal da in die Akademie geht als Schülerin wie alle anderen. Das war ein toller Moment, ich seh' das noch vor mir, das hab' ich nie vergessen." Kaum hatte sie das Studium mit Diplom (und Meisterklassenpreis) abgeschlossen und als Bühnenbildnerin zu arbeiten begonnen, entschloß sie sich – sie hatte inzwischen ihren Mann kennengelernt, der Architekt war – außerdem auch Architektur zu studieren. Schon das allererste Projekt führten die beiden gemeinsam durch (und bis zum heutigen Tag machen sie alle Architekturprojekte zu zweit): Es war dies eine von einer Zimmermann-Genossenschaft errichtete Flachbausiedlung im 11. Bezirk; ein Objekt, das deutlich vom Einfluß ihres Lehrers Roland Rainer geprägt ist.

Aber die wirkliche Leidenschaft der Architektin Klara Hautmann – und auch ihres Mannes Peter – ist die Idee des Wohnparks. Schon ihre Dissertation beschäftigte sich damit: "Wohnparks und ihre bauliche Gestaltung" war der Titel. Es sollte jedoch noch viele Jahre dauern, bis sie diese ihre Idee verwirklichen konnte: 1979 – 1982 wird der Wiener Flur im Süden Wiens errichtet, "der einzige echte Wohnpark, den es gibt in Österreich". Ein Park habe nur einen Sinn, wenn man rundherum wohnen könne - das ist das Prinzip des Wohnparks, wie ihn die Hautmanns propagieren (übrigens ist der Park im Fall des Wiener Flur so groß wie der Stadtpark!). Während unseres Gesprächs sagt Klara Hautmann oft: "Ich kämpfe dafür, daß ...". Licht und Grün sind ihr wichtig, und daß die Autos möglichst weit abseits stehen, sie sollen nicht in den Park hinein können, damit man die Abgase nicht auch noch im Schlafzimmer einatmen muß. Durch solche Bauten erhöht sich nicht nur die Lebensqualität, sondern auch die Attraktivität einer ganzen Gegend: "Man kann ein Hietzing auch bauen in Simmering", ist Klara Hautmann überzeugt. Ein weiteres Credo ist, daß ein Architekt Phantasie haben muß. Sie erzählt mir von anderen Häusern, die sie mit ihrem Mann gebaut hat: einmal hat sie mit viel Glas gearbeitet (am Sonnenweg im 14. Bezirk), ein anderes Mal hat sie ein ganzes Haus bemalt (in der Liniengasse). Insbesondere seit Hundertwasser, hätte man in Wien – "Der Amtsschimmel ist nicht so arg!" – alle Chancen, seine Vorstellungen umzusetzen, auch wenn sie zunächst jeder Bauordnung widersprechen würden. Wir gehen durch die Wohnung in die Arbeitszimmer. Dort zeigt sie mir Modelle und Zeichnungen – auch von nie realisierten oder erst im Entstehen begriffenen Projekten. Klara und Peter Hautmann haben Vorhaben und Pläne bis in das nächste Jahrtausend hinein.

Klara Hautmann geht ihren Weg, mit der ihr eigenen, angeborenen Kraft. Sie macht Ausstellungen, immer noch sehr gerne Bühnenbilder, Architektur. Sie fährt seit Jahrzehnten jährlich zur Biennale nach Venedig, im Sommer zu den Festspielen nach Salzburg – um sich umzusehen und auf dem laufenden zu bleiben. Sie hat sich alle Bauten der großen Architekten – wie etwa Le Corbusier – angesehen. Sie verreist gerne ein paar Tage: nach London, Paris, Prag, Budapest, auch New York gefällt ihr sehr gut – notwendige Unterbrechungen das Alltags, voller Inspiration. In Wien erscheinen ihr immer noch die Arbeiten von Adolf Loos und Otto Wagner am beeindruckendsten. Sie liebt den 4. Bezirk, das Belvedere, den Elisabethplatz: hier hat sie auch ihre Wohnung, in der sie seit fünfundvierzig Jahren lebt. S. SZ.

FRANZISKA FAST

Daran erinnere ich mich noch gut: an die Sendung "Ein Fall für den Volksanwalt", die jeden Sonntag Abend im Fernsehen ausgestrahlt wurde. Dort habe ich sie immer gesehen, die Franziska Fast, diese kleine, aber entschlossene Frau. Sie hat mich unglücklichen Teenager, der ich damals war, beeindruckt, Franziska Fast zuzuschauen war ein Vergnügen. Ich spreche sie darauf an: und sie sagt, daß man sie oft darauf anspricht. Das war 1983, das Staatssekretariat im Sozialministerium, das sie inne gehabt hatte, wurde aufgelöst, sie war bereits neunundfünfzig Jahre alt und bereit, bald in Pension zu gehen. Aber Bruno Kreisky hatte anderes mit ihr vor; er riet Fred Sinowatz, seinem Nachfolger als Bundeskanzler, Franziska Fast zu fragen, ob sie die Funktion in der Volksanwaltschaft antreten wolle. Sie bat um einstündige Bedenkzeit: "Du", so hat sie Sinowatz gegenüber ihre Bedenken zusammengefaßt, "schee bin i ned, oid bin i, ka Juristin bin i ... i waas ned, ob i des moch'n soi!?" – Franziska Fast hat es gemacht, sechs Jahre lang war sie Volksanwältin, sechs Jahre lang war sie jeden dritten Sonntag – alternierend mit den von den beiden anderen damaligen Parlamentsparteien nominierten Volksanwälten - im Fernsehen. "Und was ich nie geglaubt hätte, ist, daß die Ehrlichkeit auch über den Schirm kommt!"

Ehrlichkeit ist ein gutes Stichwort. Franziska Fast gehört noch einer Generation von Politikern und (zu ihrer Zeit noch wenigen) Politikerinnen an, die ehrlich und authentisch wirkten. Bruno Kreisky holte sie deshalb auch 1979 in seine Regierung, er wollte durch sie "das Arbeiterelement einbringen". Daß Franziska Fast ursprünglich Hilfsarbeiterin war, das war kein Geheimnis, vor allem, weil sie nie ein Geheimnis daraus gemacht hat: einer ihrer Grundsätze ist es, nie zu vergessen woher man kommt und wo man begonnen hat. Franziska Fast kommt aus Ottakring, dort wurde sie 1925 als drittes von vier Kindern geboren. Die Familie war – arm, zu sechst lebten sie in einer Zimmer- Küche- Wohnung, nicht größer als fünfunddreißig Quadratmeter, und bis zu ihrem zwölften Lebensjahr teilte sich Franziska ein Bett mit ihrer Schwester. 1939 hatte sie die Volks- und die Hauptschule abgeschlossen und wurde sofort für einen Dienstplatz in einem Gasthaus verpflichtet. 1940 wechselte sie in die "Tabakpfeife", eine Werksküche, die für sogenannte kriegswichtige Betriebe kochte (- eine Tatsache, die ihr übrigens politische Belästigungen jeder Art ersparte). Dort arbeitete sie bis 1945. Dann kamen die Männer aus der Kriegsgefangenschaft zurück – ihr Vater, ihr Bruder und ihr Mann Franz, den sie am 20. März 1948, am Tag der Silbernen Hochzeit ihrer Eltern, heiraten sollte. Franz hatte noch aus der Zeit der 1. Republik Kontakte zur Sozialdemokratischen Partei, gemeinsam gingen die beiden auch jetzt wieder in die Sektion, 1946 trat Franziska Fast der Partei bei.

1951 nahm sie einen Posten als angelernte Arbeiterin bei der Austria-Email-EHT AG an – just zu einer unruhigen Zeit, die 1950 abgeschlossenen Lohn- Preisabkommen hatten zu großen Kündigungswellen geführt. Nach kaum fünf Monaten wurde Franziska Fast bereits Abteilungsbetriebsrat – obwohl laut Gesetz eine Wahl zum Betriebsrat erst nach sechs Monaten möglich gewesen wäre. Aber sie konnte rechnen – eine entscheidende Qualität für einen Betriebsrat in einer Fabrik, in der im Akkord gearbeitet wurde – und sie war engagiert. Obwohl der Betriebsrat der Austria Email mehrheitlich kommunistisch war, gelang es ihr, allmählich eine sozialistische Fraktion aufzubauen und 1956 wurde sie zum Betriebsratsobmann gewählt, die kommunistische Mehrheit war gebrochen. Um sich ein breit gestreutes Basiswissen für ihre sozialpolitische Tätigkeit anzueignen, nahm sie von 1959 bis 1960 die Gelegenheit wahr, die Sozialakademie der Arbeiterkammer zu besuchen und – übrigens mit Auszeichnung – zu absolvieren. Der für seine Ausbildung freigestellte Betriebsrat Franziska Fast kehrte anschließend mit größter Selbstverständlichkeit wieder an seinen Arbeitsplatz bei der Austria Email zurück. Erst 1965 verließ sie die Fabrik: sie wurde zum Sekretär für Frauen der Gewerkschaft Metall-Bergbau ernannt und übernahm damit eine Funktion, in der sie die Gewerkschaft nach außen vertreten sollte.

In einer Broschüre, die anläßlich des siebzigsten Geburtstages von Franziska Fast erschien, eine Art biographisches Protokoll , sehe ich ein Foto: "Der Bundesvorstand des ÖGB im Jahr 1974" – lautet die Bildunterschrift. Franziska Fast ist darauf die einzige Frau neben einundfünzig Männern (so ich mich nicht verzählt habe!) ... ein – und auch darauf verweist die Bildunterschrift – aussagekräftiges Foto. Dennoch: die siebziger Jahre waren "eine der fruchtbarsten Zeiten für die Frauen". In der Gewerkschaft konnte Franziska Fast ab 1965 durchsetzen, daß in alle Bezirksgruppen und in alle

Landesleitungen zumindest zwei Frauen delegiert werden mußten: "und 1975 war das Werk vollendet!" Aber auch auf Regierungsebene wurde damals an diesem Thema der Emanzipation gearbeitet, es gab eine große Solidarität unter den Frauen, über die Parteiengrenzen hinweg, die so einschneidende Verbesserungen wie etwa die Änderung des Familienrechts oder die Installierung einer Gleichbehandlungskommission überhaupt erst ermöglichte. Auf diese Entwicklungen – und damit auf den Zug der Zeit – reagierte schließlich auch Bundeskanzler Kreisky, als er 1979 vier Frauen als Staatssekretäre in seine Regierung berief. Franziska Fast hatte als Staatssekretär im Sozialministerium die Aufgabe, alle Kollektivverträge zu durchforsten und alle offensichtlichen, auf dem Geschlecht basierenden Benachteiligungen und Ungerechtigkeiten daraus zu entfernen.

Für sie selbst, ihre berufliche und politische Karriere, so erzählt sie, hat die Tatsache, daß sie eine Frau ist, allerdings kaum je eine große – nämlich: negative – Rolle gespielt. Als sie 1965 in den ÖGB kam, hatte sie einen gewissen "Nimbus": "I Klane bin Vursitzende g'wes'n in an Betrieb mit tausendviahundat Leit!" Die Situation der Frauen in der Gewerkschaft sei auch deshalb eine andere, einfachere gewesen als in der SPÖ: Denn "zum Betriebsratsvorsitzenden haben mich die Männer gemacht, nicht die Frauen." Franziska Fast, die ab Anfang der sechziger Jahre auch Bezirksrat in Ottakring und von 1973 bis 1979 Mitglied des Wiener Gemeinderates und Abgeordnete zum Wiener Landtag war, weiß, daß die politische Situation in mancher Hinsicht heute schwerer ist, komplizierter; so sei etwa formalrechtlich die Gleichberechtigung erreicht, aber das Bewußtsein hinke leider immer noch vielfach hinterher, bei den Männern, aber auch bei den Frauen. Seit 1992 ist sie Vorsitzende der Volkshilfe Wien, natürlich ehrenamtlich. Diese Aufgabe zu übernehmen, sei ihr wichtig gewesen: der Bereich der Pflege- und Gesundheitsberufe werde in unserer Gesellschaft immer zentraler; und nicht zuletzt sei die Volkshilfe ein Betrieb mit tausend Beschäftigten, überwiegend Frauen, und es sei zum Zeitpunkt ihrer Wahl darum gegangen, ein ähnliches Schicksal wie es der Konsum erlitten habe, abzuwenden. Und darüber hinaus: "... man muß etwas machen in der Pension, nicht? Ich bin heute vierundsiebzig Jahre, aber ich muß sagen, ich fühle mich pudelwohl!" S. SZ.

GERTIE FRÖHLICH

Wir sprechen über die Kindheit. Die Kindheit interessiert sie sehr. Sie hat deshalb auch immer wieder Themen aus der griechischen Mythologie aufgegriffen, denn die ist wie die Kindheit der Menschheit. Und obwohl die Kindheit der meisten Menschen abscheulich ist: es gibt den Topos der verklärten Sicht auf diese Zeitspanne jedes Menschenlebens, und der hält sich eisern. "Das einzige, was an der Kindheit wunderbar ist, ist die Hoffnung", sagt Gertie Fröhlich. 1990 hatte sie einen Schlaganfall. Seither scheint ihr: "[...] ich sitze in einem Wartesaal und warte auf ... ich weiß nicht: irgendetwas Schönes." Sie sagt: "Ich hab' immer noch eine Hoffnung, daß irgendetwas sein wird ... na, weil ich mir's so schön vorstellen kann, wie es sein könnte!" Wenn beispielsweise die Sonne scheint, dann möchte sie hinausgehen, hinauslaufen – aber schon nach wenigen Schritten muß sie kehrt machen. Oder sie fährt stattdessen mit einem Taxi ins Grüne.

Wir sprechen über die Kindheit. Gertie Fröhlich hat ihre Kindheit in der Mittelslowakei verbracht, in Preßburg vor allem. Wenn die Mutter zum Greißler einkaufen ging, wurde sie dreisprachig – auf deutsch, ungarisch und tschechisch – begrüßt. Die Familie der Gertie Fröhlich gehörte dem deutschsprachigen Bevölkerungsteil, den sogenannten Karpatendeutschen an. Infolge eines Partisanenaufstandes im Herbst 1944 mußten sie das Land verlassen: Koffer packen und nichts wie weg, von einem Tag auf den nächsten, daran erinnert sie sich gut, sie war ja schon vierzehn Jahre alt. Der Vater – er war Lehrer und Schulinspektor der deutschen Schulen – blieb, um Evakuierungen zu organisieren. Er wurde in Prag gefangen genommen und in ein Lager transportiert. Aber er entkam und ging zu Fuß durch den Böhmer- und den Bayrischen Wald, um schließlich im Sommer 1945 in Oberösterreich anzukommen. Dorthin war inzwischen die Mutter mit ihren vier Töchtern auf den Bauernhof von Verwandten geflohen. Gertie Fröhlich besuchte die Lehrerbildungsanstalt in Vöcklabruck. Dann – sie war neunzehn Jahre alt - ging sie nach Graz auf die Kunstgewerbeschule, um an der Abteilung "Dekorative Malerei" bei Rudolf Szyszkowitz zu studieren. Und das kam so: am Bauernhof; eines Tages kommt eine Dame und bittet um Wasser; als Gertie Fröhlich ein Glas auswaschen will, um ihr damit Wasser zu reichen, erklärt sie, daß das nicht notwendig sei, sie brauche das Wasser zum Malen. "Und die ist mitten in der Wiese gesessen, bei uns da und hat die Landschaft abgemalt." Das habe ihr imponiert, das habe sie auch machen wollen.

1953 wechselte Gertie Fröhlich nach Wien, Graz war ihr zu provinziell geworden. Sie studierte bei Albert Paris Gütersloh an der Akademie der bildenden Künste, 1956 schloß sie mit ihrem Diplom ab. An Gütersloh, der damals schon ein alter Herr war, hat sie nur die besten Erinnerungen. Bereits während des Studiums begann sie mit Otto Mauer die Galerie Nächst Sankt Stephan aufzubauen: sie hatte Otto Mauer kennengelernt, als sie während der Ferien als Aushilfe in der Katholischen Aktion gearbeitet hatte. Die Räumlichkeiten in der Grünangergasse, die dem 1938 emigrierten Kunsthändler Otto Kallir gehörten, wurden bereits als Galerie genutzt. Allerdings, so hatte sie gehört, wollte sich der damalige Leiter der Galerie zurückziehen. Gertie Fröhlich, die auch die Tochter Otto Kallirs kannte, bekundete ihr Interesse. Da sie damals noch sehr jung war und das Studium noch nicht abgeschlossen hatte, wandte sie sich an Otto Mauer, von dem sie wußte, daß er Kunst sammelte. So wurden die Kontakte hergestellt und so wurde die Galerie Nächst Sankt Stephan gegründet – zu einer Zeit, als es in Wien außer der Galerie Würthle kaum vergleichbare Ausstellungs- und Verkaufs- Möglichkeiten gab, und zwar ganz besonders für junge Künstler. Es waren dann zunächst auch vor allem die Studienkollegen von Gertie Fröhlich, die hier ausstellten: Markus Prachensky, Wolfgang Hollegha, Josef Mikl und Arnulf Rainer (die als "Galerie Nächst Sankt Stephan- Gruppe" und als der Inbegriff der Wiener Avantgarde bekannt wurden).

Wir sprechen über die Kindheit. Denn Gertie Fröhlich hat selbst zwei Kinder, ihr Sohn kam 1956 zur Welt, 1959 wurde ihre Tochter geboren. Die Notwendigkeit Geld zu verdienen wurde also dringlicher – obgleich sie schon seit dem Beginn ihres Studiums in Graz immer für ihren Lebensunterhalt selbst aufkommen mußte. Sie war immer wieder als Gebrauchsgraphikerin tätig gewesen und begann 1959 als Graphikerin für den ORF zu arbeiten. "Das war die schrecklichste Zeit meines Lebens", berichtet Gertie Fröhlich und erzählt von all jenen Dingen, die das Arbeitsklima so unerträglich gemacht haben. 1966 verließ sie den ORF. 1967, 1968 und 1969 fuhr sie jeweils ein paar Monate nach

New York: Sie wollte dort arbeiten. "Ich habe mir gedacht: Ich muß noch etwas machen aus meinem Leben." Sie kontaktierte den Leiter der Graphikabteilung der CBS, der sich – "... weil dort ist man neugierig!" – nicht nur Zeit für sie nahm, sondern auch sehr aufmerksam ihre Arbeiten ansah. Durch ihn wurde sie schließlich auch an den wissenschaftlichen Verlag Holt, Rinehart & Winston weiter verwiesen, wo sie in der Folge Typographien und Layouts gestaltete. Von 1963 bis 1984 entwarf Gertie Fröhlich die Plakate des Österreichischen Filmmuseums. In den siebziger und achtziger Jahren hatte sie in Österreich und auch in Berlin eine Reihe von Einzelausstellungen. Seit dem Schlaganfall "male ich nicht mehr", sagt sie, "jetzt bin ich in Pension". Sie mußte malen, um zu überleben, um Geld zu verdienen. Nun ist das nicht mehr notwendig, sie hat sich beruflich zur Ruhe gesetzt.

Gertie Fröhlich weiß: "Mit allzu viel Hochachtung werden die Frauen ja nirgends behandelt." Kunst zu machen und eine Frau zu sein, sei überhaupt eine unglückliche Kombination, sicher habe ihr Geschlecht ihre Karriere erschwert, vor allem finanziell wären Frauen – auch oder gerade Künstlerinnen – immer noch benachteiligt. Um zu veranschaulichen, "wozu Männer fähig sind in ihrer Eitelkeit und in ihrer Macht-Herrschsucht", erzählt sie mir ein paar Geschichten. Auch zu Wien hat sie ein ambivalentes Verhältnis. Die Stadt habe enorme Qualitäten und sie sei froh, hier sein zu können, vor so vielen Jahren in Österreich Asyl gefunden zu haben. Gertie Fröhlich sagt: "... diese wunderbare Stadt! – mit diesen ganzen grauslichen Menschen, wenn man will ..." Sie würde, wenn sie könnte, heute noch weg gehen - und doch fühlt sie sich etwa in ihrer Wohnung, im 1. Bezirk verwurzelt: "Also ich habe schon ein starkes Heimatgefühl entwickelt mit Wien." Zumal sie in Wien – wie sie selbst sagt – "ein bunter Hund" ist, sie kennt alle Künstler und Künstlerinnen (keineswegs nur die bildenden!) und Intellektuellen der Stadt. Sie läßt kurz die Zeit Revue passieren, als sie noch Feste, etwa die legendären Weihnachstfeste, in dieser ihrerer Wohnung gab – ohne jede Sentimentalität. Sie zeigt mir Fotografien ihres Vaters: ich sehe Landschaften in Schwarzweiß. Er hätte seine musische Begabung zugunsten des Brotberufes vernachlässigt, urteilt Gertie Fröhlich, und ihr nie verziehen, daß sie einen anderen Weg gegangen sei, nicht Lehrerin geworden wäre. – Wir sprechen über die Kindheit ... S. SZ.

IRMA TRKSAK

An dem Ort, an den uns die Brigittenauerin führt, befindet sich heute eine Schnellbahntrasse, die überführt, begrünt und mit einem Radweg versehen wurde. Es ist dies buchstäblich ein Ort des Übergangs: nicht nur was die aktuelle städtebauliche Funktion betrifft, sondern auch in bezug auf seine offensichtliche Konfrontation von Alt und Neu. Blickt man in die Richtung der von Hundertwasser entworfenen bunten Verbrennungsanlage, hat man ein hundertjähriges Zinshaus links hinter sich und rechts vor sich einen langgezogenen künstlichen Wall. Im Zinshaus hat einst Irma Trksaks Großmutter gewohnt und gearbeitet, doch von ihrem Elternhaus auf der ehemaligen Schlegerwiese ist ebensowenig mehr zu sehen wie von der Eisfabrik, in der ihr Vater gearbeitet hatte. Jahrzehntelang war auf dem zerbombten Gelände nach dem Krieg noch der Akazienbaum gestanden, den sie in ihrer Kindheit so geliebt hatte. Doch auch der steht heute nicht mehr. Schon lange wohnt Irma Trksak in einem anderen Teil der Brigittenau, den man früher "Zwischenbrücken" nannte. Weil die Geschichte der Stadt Wien sosehr mit der ihren verwoben ist, trägt die Brigittenauerin im Rahmen verschiedener Projekte an der Erhaltung des lokalen historischen Gedächtnisses bei.

In Wien wurde Irma Trksak als Angehörige der tschechoslowakischen Minderheit früh hellhörig gegenüber Diskriminierungen. Von Seiten der Stadt und des Staates hatte es jedoch vor 1938 keine Repressionen gegenüber Tschechen und Slowaken gegeben: Als junge Österreicherin wurde sie wie selbstverständlich dreisprachig erzogen, ging in Wien in ein tschechisches Realgymnasium und absolvierte in Prag die pädagogische Akademie. Schon von der Volksschule an besuchte sie entsprechend der Glöckel-Reform eine gemischtgeschlechtliche Klasse. Zuhause wohnte man zu sechst in einer Zimmer-Küchen-Wohnung mit Plumpsklo am Gang; Irma Trksak lernte winters in der Früh im Mantel und beim Licht der Petroleumlampe und behält diese aus heutiger Sicht entbehrungsreiche Zeit nach wie vor in glücklicher Erinnerung. Not und Verfolgung begegneten ihr erst unter dem Nationalsozialismus. Die tschechische Schule, an der sie nach ihrer Ausbildung in Wien unterrichtete, wurde 1939 geschlossen. Der Tschechoslowakische Turnverein, dem sie in ihrer Jugend beigetreten war, flog als Dachorganisation ihrer Widerstandsgruppe auf. Unter den 20 hingerichteten und 49 nicht aus den Lagern zurückgekehrten männlichen Opfern befanden sich ihr Bruder und ihr Jugendfreund. Sie selbst wurde 1941 verhaftet, nachdem sie politische Flugblätter konzipiert, produziert und verteilt sowie an kleineren Sabotageakten teilgenommen hatte. Ohne jemals vor einen Richter gekommen zu sein, blieb sie ein Jahr lang in der berüchigten "Liesl", der Roßauerkaserne, in Einzelhaft und wurde dann mit zwölf weiteren tschechoslowakischen Widerstandskämpferinnen ins Frauenlager Ravensbrück überstellt.

Irma Trksaks lebenslanges politisches Engagement ist weniger parteipolitisch, denn über ihr soziales und historisches Bewußtsein definiert. Der sozialdemokratischen Partei konnte sie nicht mehr wie ihr Vater beitreten, weil diese ab 1934 verboten war. Aus der kommunistischen Partei, der sie aufgrund der Erfahrungen im Konzentrationslager angehörte, konnte sie lange Zeit nicht austreten, um ihre Eltern, die inzwischen tschechische Staatsbürger geworden waren, nicht zu gefährden. Die Lagergemeinschaft hatte sie nach 1945 mitgegründet, weil die Reaktionen derer, die keine Opfer der Nazis gewesen waren, lange Zeit vielfach verständnislos und ablehnend waren. Ein Satz wie "Hättest Du nichts gemacht, wärst Du nicht eingesperrt worden" war keine Seltenheit; noch bis zum Staatsvertrag mußte sie Vorwürfe von ehemaligen kleinen

Mitläufern der Nazis mitanhören, den Sieg der Allierten vorangetrieben zu haben. Ihre Enttäuschung darüber, daß so wenigen Nazis Prozesse gemacht wurden, auch darüber, daß viele ehemalige Nazis ihre Posten nach 1945 behielten, war groß. Für sie selbst war es als ehemaligem KZ-Häftling dagegen schwierig, nach dem Krieg eine Arbeit zu finden. Ihre Sprachkenntnisse verhalfen ihr schließlich zu einer Stellung an der tschechischen Gesandtschaft. Daß sie dort im Botschafter einen Leidensgenossen mit ähnlichen Erfahrungen gefunden hatte, trug zu ihrer Vertauensbildung bei. Die Fähigkeit, mit anderen über diese Erfahrungen zu sprechen, war lange eingefroren. Ihre psychische Teilinvalidität übertrug sich auf den Sohn, der im Alter von 12 Jahren ein Magengeschwür ausbildete.

Sie hat die Hände auch im Alter nicht in den Schoß gelegt. Vier mal pro Woche ist Irma Trksak als Mitarbeiterin des KZ-Verbandes tätig. Diese Arbeit begreift sie heute im wesentlichen als Sozialarbeit. Die sogenannte Wiedergutmachung, eine einmalige Zahlung des Nationalfonds, betrachtet sie als Ehrengabe: "Wiedergutmachen kann man nicht. Nervlich bin ich zerrüttet. Daß ich mich konsolidiere, geschieht nur aus eigener Kraft" sagt die heutige Sekretärin des Internationalen Komitees Ravensbrück.

Dieses Jahr war sie in Italien, um vor Schülern über ihre Erfahrungen zu sprechen und die jungen Menschen zu Demokratie-, und Freiheitsbewußtsein zu erziehen. Im Gegensatz zur Nachkriegszeit schlagen ihr von Seiten der Enkel-, und Urenkelgeneration heute Sympathie und Verständnis entgegen; in Österreich sieht sie die entscheidende Wende erst 1988 eingetreten, als Kanzler Vranitzky erstmals öffentlich von Schuld sprach. Das Erzählen ist ihr nunmehr innere Pflicht geworden: "Es gibt eine Feder in mir, die mich dazu bringt, doch darüber zu reden". C. B.

HELLA HANZLIK

Hella Hanzlik sammelt Eulen. Sie sagt: "Ich bin eine alte Eulensammlerin." Als sie damals, 1938, von einem Tag auf den nächsten das Land verlassen mußte, fand sie zunächst in der Schweiz bei einer Frau Unterschlupf, einer Volksschullehrerin, die drei Kinder hatte – und die die immerhin bereits sechsundzwanzigjährige Hella quasi als viertes Kind dazu adoptierte. Diese "Dame" - "Das kann ich Ihnen gar nicht sagen, was das für ein Mensch war." - hat ihr das erste Eulenbild geschenkt, eine Art Steinmosaik, das eine Eulenmutter mit drei jungen Eulen zeigt. Die Frau ist mittlerweile gestorben, aber Hella Hanzlik hat immer noch Kontakt zu ihrer Tochter. Und das Eulenbild hängt immer noch in ihrer Wohnung.

Hella Hanzlik sammelt Eulen: nicht etwa, weil Eulen eine symbolische Bedeutung haben; sondern in Erinnerung an diese Schweizer Genossin und an die Geschichte ihrer eigenen Emigration. Die Jahre zwischen 1938 und 1945 verbrachte sie in London, dort arbeitete sie als Hausgehilfin, Köchin und schließlich Sekretärin im Austrian Labour Club. Mit ihr gingen ihre beiden Schwestern. In Wien zurücklassen mußten sie nicht nur ihre Eltern, auch Hellas Mann, der Schuhmacher war und ein kleines Geschäft hatte, blieb, um seinen Vater und seine Schwester zu versorgen. Bereits 1945 – als hätte sie es eilig - kehrte sie nach Wien zurück: an diesen Ort und auch zu diesen Menschen, die aber längst verloren waren. Der Vater war im Konzentrationslager "umgekommen", die Mutter, für die noch rechtzeitig eine Einreisegenehmigung nach England erwirkt hatte werden können, war kurz vor ihrer Abreise gestorben. Und Hellas Ehe wurde schon bald nach Kriegsende geschieden. Wie konnte sie in dieses Land zurückkommen, mit diesen Erinnerungen, mit dem Wissen um all das, was hier passiert war, frage ich? "Natürlich hat es mich irgendwie beeindruckt, aber nicht so, daß es mich abgehalten hätte."

"Mir ist es gar nie zu Bewußtsein gekommen, daß ich Jüdin bin", sagt Hella Hanzlik, die 1912 als jüngste von drei Töchtern in Czernowitz, in der Bukowina, geboren wurde – damals noch Teil der österreichisch-ungarischen Monarchie, in deren Armee ihr Vater gerade diente. Schon bald nach ihrer Geburt übersiedelte die

Familie nach Wien. Sie wohnten in Ottakring, dort ging sie auch zur Schule. Überhaupt: Ottakring, das ist ihr Bezirk: hier hat sie nicht nur bis vor zwei Jahren gelebt; sie war (1946-1950) Bezirksrätin und auch Stellvertreterin des Bezirksparteivorsitzenden der SPÖ (1950), seit 1970 ist sie Ehrenvorsitzende der Bezirkspartei. Und von Ottakring aus hat ihre politische Karriere begonnen: Hella Hanzlik bekleidete nicht nur verschiedene Funktionen in der SPÖ - unter anderem war sie auch Mitglied des Bundesparteivorstandes und des Frauenzentralkomitees -, sie war Abgeordnete zum Wiener Landtag und Mitglied des Wiener Gemeinderates (1959-1962), Mitglied des Bundesrates (1956-1959 und 1966-1973) sowie Abgeordnete zum Nationalrat (1962-1966). Die große Rosa Jochmann war es, die sie schon früh sehr förderte und die eines Tages die Idee hatte: "Du, ich bin jetzt dafür, daß Du Wiener Frauensekretärin wirst" – und Landesfrauensekretärin der SPÖ Wien sollte Hella Hanzlik fast fünfundzwanzig Jahre lang sein, von 1948 bis 1972.

Von dieser Idee war sie selbst zunächst jedoch gar nicht so begeistert, weil sie "für alle da sein" wollte, nicht nur für die Frauen – eine Haltung, die sich allerdings schnell veränderte. Heute sagt sie: "Die Frauen haben es immer schwer gehabt in der Partei, wirklich. – Aber letzten Endes hat man sich durchgesetzt." Als Wiener Frauensekretärin bemühte sich Hella Hanzlik vor allem um alltägliche, sehr unmittelbare Bedürfnisse und Anliegen. Eine große Ausstellung im Wiener Messepalast, "Die Frau und ihre Wohnung", ging auf ihre Initiative zurück: sie wurde am 2. Dezember 1950 eröffnet und lief zwanzig Jahre lang – mit Sommerpausen und Tourneen durch die Landeshauptstädte. Sonderschauen über Textilien, Möbel oder Elektrizität im Haushalt wurden ebenso angeboten, wie kostenlose Beratungen durch Architekten und andere Fachleute. Die Ausstellung hätte sie mit Frauen aller Bevölkerungsschichten und Altersgruppen in Kontakt gebracht, gerade auch mit solchen, die nicht SPÖ-Wählerinnen waren, und auf diese Weise hätte sie von den Wünschen und Problemen der Wiener Frauen erfahren. Initiativen wie "Essen auf Rädern", die Heimhilfe und der Wäschepflegedienst wurden vor dem Hintergrund dieser Beobachtungen ins Leben gerufen. - Und indem sie von diesen Aktivitäten erzählt,

erzählt sie auch von ihren Mitarbeiterinnen: "Ich habe immer Freunde gehabt, die mir dabei geholfen haben. Alleine können Sie gar nichts machen!"

In der kleinen Wohnung der Hella Hanzlik ist es ziemlich eng. An den Wänden hängen Fotos – besonders eines von ihrer Mutter – und andere Bilder, von denen sie nicht wenige irgendwann einmal als Geschenk erhalten hat. Und überall liegen und stehen Bücher: auch hier finden sich Geschenke und Erinnerungsstücke, die mit Widmungen versehen sind, darüber hinaus aktuelle politische Literatur sowie ein bunte Melange aus allerlei Lesematerial. Sie sei gebeten worden, für die Kollegen und Kolleginnen im Pensionistenheim einmal monatlich vorzulesen, da müsse sie sich natürlich vorbereiten. Schon in der Schule wurde sie von der Lehrerin oft aufgefordert vorzulesen: eine schöne Erinnerung, Hella Hanzlik ging gern in die Schule und wollte selbst einmal Lehrerin werden. Stattdessen mußte sie eine kaufmännische Lehre im Verlag ihres Onkels, der Hugo Bettauer und vor allem jüdische Literatur im Programm führte, absolvieren. "Ich war ja schon als Kind irgendwie klassenbewußt", sagt sie, um zu erklären, weshalb sie sich damals im Zentralverband der kaufmännischen Angestellten eingeschrieben und wie sie damit den Onkel zum entsetzten Ausruf "Um Gottes Willen, sie hat sich organisiert!" veranlaßt hat.

Hella Hanzlik interessiert sich sehr dafür, was ich denke, wir reden über die aktuelle politische Situation in Österreich, über den Krieg in Ex-Jugoslawien, über die Globaliserung – das alles macht ihr Sorgen. Sie sagt, daß sie auf Antisemitismus immer sehr empfindlich reagiert hat und daß sie mit diesem Problem auch in ihrer eigenen Partei konfrontiert war. Sie sagt auch: "Ich habe eine Aufgabe gehabt und die hat mich wirklich ausgefüllt, wissen Sie." Und schon zu Beginn des Gesprächs kommt sie auf ihr Auto zu sprechen, das sie erst vor kurzem – wegen eines Oberarmbruchs – endgültig aufgeben mußte, vierzig Jahre lang war der Wagen eine "berufliche Notwendigkeit". Sie hat ein Theaterabonnement, aber nie Zeit, zu den Vorstellungen zu gehen: damit macht sie anderen eine Freude. Abends schaut sie sich immer die Nachrichten im Fernsehen an: "Die interessieren mich doch ...", sagt sie mit ironischem Unterton, "ob Wien noch steht ..." S. SZ.

LUCIA WESTERGUARD

Es ist beinahe zum Klischee geworden, Lucia Westerguard in deutschen Reiseführern und Wiener Zeitungen als Original der Inneren Stadt zu bezeichnen. Die 87Jährige erscheint als Attraktion, weil sie fast täglich am Graben auf ihrem noch älteren Saxophon spielt. Unweit von ihrem Platz an der Pestsäule geht ihr 97jähriger Mann Dick Westerguard mit einem alten Kinderwägelchen spazieren, in dem nach dem Spiel das Saxophon und der Klappstuhl verstaut werden. Lokale Zuhörer erkundigen sich bei der lächelnden Musikerin nach dem Befinden des Gatten. Manche wissen, daß die beiden jahrzehntelang als berühmtes Akrobatik-Duo auftraten. Lucias paillettenbesetzte Stoffschuhe lassen ihr früheres Leben als Sängerin, Tänzerin und Zirkusartistin erahnen. Weniger augenfällig ist jedoch, daß sie trotz ihres bewegten Artistenlebens fast immer hier gelebt hat. Sie ist einen Steinwurf vom Graben entfernt aufgewachsen, hatte ihr Bühnendebüt als Erwachsene in den ehemaligen Olympiasälen in der Rotgasse und bewohnt seit den Nachkriegsjahren einen alten Dachboden auf der Tuchlauben, den sie damals in großer Not selbst zur Wohnung umfunktioniert hat. Das Künstlerhaus und das Ronacher waren von jeher ihre Spielstätten; das Lied, das sie mit sechzehn Jahren bei ihrem Debüt durch einen Trichter sang, Eine Nacht in Monte Carlo, ist heute noch ihr Lieblingslied.

In den Erzählungen der Varietékünstlerin scheint es keine zeitlichen Distanzen und keine Präferenzen zu geben. Sie berichtet mit derselben Eindringlichkeit über einen kürzlich erlittenen Straßenunfall wie über ihre Kindheit, die sie als Halbwaise im Ledererhof zugebracht hatte, oder von der Nachkriegszeit, als sie den schwerverwundeten Frontsoldaten Westerguard wieder zum erfolgreichen Luftarbeiter gesundpflegte.

Lucias Leben ist zum einen vom unbändigen Drang nach dem Artistenleben, zum anderen von Verlusten und Entbehrungen gezeichnet. Der Vater starb früh, die Mutter, von Beruf Schneiderin, wurde darüber schwermütig und teilweise arbeitsunfähig. Hilfe gab es in den 20er Jahren kaum: Eine Beamtin der Fürsorgestelle der Gemeinde Wien verweigerte der Mutter gar Kinderholzschuhe mit dem Hinweis, sie solle ihre Kinder in ein Heim geben, wenn sie nicht für sie sorgen könne. Unter diesen Umständen übernahm Lucia gemeinsam mit ihrem Bruder bald die Verantwortung für den familiären Unterhalt, indem sie in der Früh Milch austrug, nach der Schule Teppiche stickte und nachts für einen Konditor Nüsse aufschlug. Das Angebot einer deutschen Gymnastikschule, sie als Trainerin einzustellen, mußte sie nach Abschluß der Bürgerschule ausschlagen, weil ihre Mutter ihr eine Selcherlehre zugedacht hatte. Binnen eines Jahres wurde sie Chefverkäuferin und brachte überdies die Energie auf, schon in aller Morgenfrühe heimlich zu tanzen und am Sonntag in die Ballettschule zu gehen.

In der Sorge um ihre Nächsten scheute Lucia wenig Hindernisse: Als Dreizehnjährige lief sie einmal hilfesuchend an einem Weihnachtstag barfuß vom Ledererhof in die Wipplingerstraße, aus Angst, die Mutter würde einen Nervenzusammenbruch nicht überleben. Erst der Arzt, den sie vom Milchaustragen kannte, bemerkte ihre bloßen Füße - sie war nächtens einfach losgelaufen, ohne an sich selbst zu denken. Jahre später stürzte sie ähnlich besorgt im Zirkuskostüm direkt von der Abendvorstellung ins Gestapo-Hauptquartier zum Morzinplatz, um nach ihrem Bruder zu verlangen, den die Nazis wegen einer Gefälligkeit gegenüber einem jüdischen Freund verhaftet hatten.

Die Kriegsjahre waren für Lucia leidvoll: Sie verlor ihren damaligen Mann und ebenso den Vater ihres Sohnes. Beide fielen als Soldaten; das Kind wurde im Luftschutzkeller während der Bombenangriffe geboren. Am Tauftag des Sohnes ging ihre artistische Heimat, der Zirkus Hagenbeck, in Flammen auf. Der Säugling wurde bloß dreizehn Monate alt. Der geliebte Bruder, ein Musiker und von Beruf Oberkellner, starb an den Folgen des Gestapoverhörs. Nach diesen Schicksalsschlägen kam ihr die Aufgabe gerade recht, sich nach dem Krieg um den "Kopfschüssler" Westerguard, der von seiner damalige Partnerin aufgegeben worden war, zu sorgen.

Lucia Westerguard weiß noch heute ihre Unterhaltung mit der Unterstützung anderer zu verbinden, deren Elend sie aus eigener Anschauung kennengelernt hatte. Wenn sie "Adieu, mein kleiner Gardeoffizier" singt, dann denkt sie weniger an soldatisches Hurrageschrei, denn an die tausenden jungen Kriegsverletzten, die zu Rümpfen verstümmelt in den Zirkus Hagenbeck gefahren worden waren, um eine letzte Freude zu erleben. Noch heute verkauft sie für Kriegsblinde Lose. Sie würde gerne ein Sanatorium gründen, wohl im Andenken an ihre Mutter oder auch an einen Nervenkranken, um den sie sich in den Kriegsjahren gekümmert hatte. Oder aber einen Zirkus - hätten ihr nicht Trickdiebe all ihre Ersparnisse aus der Wohnung gestohlen. Lucia läßt sich nicht entmutigen. Zwei Monate nach einem Verkehrsunfall spielte sie jüngst trotz Hüftoperation wieder im Palais Auersperg "Eine Nacht für einen Clown". Wen wunderte es, daß sie mit einer Stimme erzählt, die so sanft und so gedämpft klingt wie das Saxophon, mit dem sie am Graben gerne "Wien, Wien, nur Du allein" anstimmt. C. B.

STRAUSS

ELISABETH EPP

In die Wohnung weist eine abgeschlagene Engelsfigur, die Elisabeth Epp vor langen Jahren aus einem Fluß bei Warschau gefischt hatte, als sie in den Kriegsjahren mit ihrem Mann auf Tournee war. Auf der anderen Seite der Entree hängen Perchten aus Tirol. Seit sechzig Jahren bewohnt sie die schöne Wohnung in der Inneren Stadt, sie hatte als Schwangere 1939 lange gesucht - keinesfalls wollte sie damals eine von den Nazis arisierte Wohnung annehmen. Schließlich fand sie dieses Zinshaus, das von einer verantwortungsvollen Verwalterin für den emigrierten Hausherrn über den Krieg hin gerettet und vermietet wurde - an dezidierte Nicht-Nazis.

Elisabeth Epp lebt schon fast 70 Jahre in Wien, doch ihr Idiom und ihre Aussprache weisen immer noch darauf hin, daß sie woanders aufgewachsen ist. Die Weitgereiste fühlt sich als Europäerin, will weder als Deutsche, noch als Österreicherin gelten: "Das ewige Grenzenziehen ist etwas Schreckliches". Die Tochter einer Holländerin und eines Deutschen war aus Köln knapp neunzehnjährig ihrem späteren Mann nachgefolgt, der damals schon als Schauspieler in München, Köln und Leipzig gearbeitet hatte, bevor ihn Otto Preminger wieder in seine Heimatstadt Wien engagierte.

Sie war zu dieser Zeit mehr oder weniger Anfängerin, hatte bei Adele Schönfeld vom Bochumer Theater Schauspiel gelernt, an einer Berliner Wanderbühne gespielt und gab ihrem Mann bloß die Stichworte für das Vorsprechen bei Preminger. Dieser wollte daraufhin auch Elisabeth Epp, damals noch Eschbaum, spielen sehen und engagierte sie prompt an das damalige Wiener Schauspielhaus. So debütierte die junge Kölnerin in Wedekinds "König Nicolo", bekam für ihre Rolle als das blinde Kind unerwartet gute Kritiken und somit eine Entree in das Wiener Theaterleben. Als das Schauspielhaus sich nicht mehr halten konnte, wurde Preminger an die Josefstadt engagiert. Sie blieb mit wechselnden Engagements bei damals mehrheitlich privaten Theatern in Wien und bildete sich selbständig weiter, unter anderem bei Hans Schlesinger, der sie die Arbeit an der Sprache lehrte: "Das Gefühl aus der Zusammensetzung der Worte nehmen, das verstand Schlesinger als grandioser Sprachlehrer zu vermitteln" sagt die Sprachbewußte über den später in holländischer Emigration Verstorbenen.

In den dreißiger Jahren war Elisabeht Epp unter anderem in Luxemburg, Mährisch-Ostrau und Wien im Engagement. Der Heirat mit dem anspruchsvollen und gegen die damaligen Direktoren aufrührerischen Theatermenschen Leon Epp entsprang bald der gemeinsame Wunsch, ein eigenes Theater zu gründen. Zunächst führte man in kleinem Rahmen Stücke wie Robert Brownings "Und Pippa geht vorüber" auf, in dem Elisabeth Epp die Titelrolle spielte. Dann gelang es dem Ehepaar im September 1937, mit dem gesammelten Kapital am Parkring das Theater "Kleine Insel" zu eröffnen, das von den beiden mit großem Einsatz und geringem Budget solange betrieben wurde, bis die SS das Haus besetzte und als "kulturbolschewistisches Institut" verunglimpfte. Jäh wurde das Ensemble zerstreut, das in einem gemeinschaftlichen und humanistischen Geist gearbeitet hatte. Während dieser ersten "Insel"-Zeit hatten die Epps die Stücke ausgewählt und ein Kollektiv um sich versammelt, dem Arbeitsteilung fremd war. So stellte Elisabeth Epp gemeinsam mit anderen die Kostüme für "Das Lachen des Aristophanes" auf dem Dachboden einer Kollegin her, den man zur Nähstube umfunktioniert hatte. Auch das Bühnenbild zu "Lanzelot" und "Sandarein", nach einem Entwurf von Weber, enstand in kollektiver Anstrengung. Auf die Entdeckung zweier junger Talente im Rahmen dieser Produktion, nämlich Josef Meinrad und Elfriede Kuzmany, ist die Grande Dame des freien Theaters heute noch stolz.

Während des Krieges spielten die Epps vor Soldaten, nachdem alle Theater gesperrt worden waren; in Erinnerung ist davon Elisabeth Epp vor allem die Hoffnungslosigkeit, die sie damals zu Gesicht bekam. Die Bombenangriffe erlebte sie zurückgezogen mit ihrer Familie; sie mußte zu Kriegsende wenige Tage nach der Geburt ihres Sohnes den Vater im Stadtpark notbegraben. Als Leon Epp aus den Kriegswirren nach Wien mit der Absicht zurückkehrte, seiner Ernennung zum Schauspieldirektor in Graz Folge zu leisten, hatte er nicht mit dem Engagement seiner Gattin gerechnet. Diese hatte nämlich inzwischen mit Unterstützung eines Bühnenmeisters die russischen Besatzer davon überzeugt, die Neugründung der "Insel" zu ermöglichen. Sie erlangte prompt die Konzession für die Räumlichkeiten der zerbombten "Komödie" in der Johannesgasse und ließ bei der Wiener Baubehörde nicht locker, ehe man ihr nicht Morgen für Morgen Leute zum Schutträumen zuteilte. Die ersten Proben fanden in der Wohnung statt, und im Oktober 1945 konnte man prompt den Spielbetrieb mit Tschechows "Onkel Wanja" wiederaufnehmen, in dem die unermüdliche Theatermacherin die Helene Andrejewana spielte. In den unmittelbaren Nachkriegsjahren erlebte die Eppsche Gruppe eine erfolgreiche Zeit, der jedoch durch die wirtschaftliche Not Anfang der fünfziger Jahre ein Ende bereitet wurde. Man zahlte mit der kleinen Abfertigung der Gemeinde die Kollegen aus. Elisabeth Epp weist auf die zahlreichen Erb-, und Sammelstücke in ihrer Wohnung: "Bis 1960 war hier alles gepfändet".

Auf die unabhängigen Jahre folgte eine neue Zeit: Leon Epp wurde nach einer erfolgreichen Inszenierung in Salzburg zum Direktor des Volkstheaters bestellt und Elisabeth Epp wenig später am selben Haus als Schauspielerin engagiert. Nun herrschte ein anderer Geist; sie war plötzlich zur "Frau Direktor" geworden und es bedurfte einer ganzen Weile, bis sie in dieser Position das Vertrauen des Ensembles gewinnen konnte. Am liebsten spielte sie unter Gustav Mankers Regie, denn, so Elisabeth Epps weise Einsicht, "mit dem eigenen Mann läßt es sich nicht so gut arbeiten". Was im freien Theater möglich war, schien am Volkstheater undenkbar: Die "Insel"-Kollegen sperrten einst Leon Epp in den Keller, weil dieser seinen Zorn zu sehr an seiner Frau ausgelassen hatte... C. B.

GOETHE ERZÄHLT SEIN LEBEN
Piper

ZOFIA ZIELINSKA

Zwischen einer Reise zu einem Maturatreffen in ihrer polnischen Heimat und ihrem Urlaub stellt sich Zofia Zielinska bereitwillig einem Gespräch, obwohl sie überdies eine Jugendfreundin aus Krakau zu Besuch hat. Sie nimmt diese einfach zu unserem Treffen mit und bezieht sie prompt immer wieder in das Gespräch ein. Die Verbindung der beiden scheint über die Jahrzehnte nichts an Intensität verloren zu haben. Im Frühling 1958 war Zofia Zielinska nach Wien gekommen, um mit Mann und Kind ein neues Leben zu beginnen. Sie hatte in Krakau bereits ein Studium abgeschlossen (Publizistik), außerdem Polonistik an der Jagellonen Universität studiert und als Journalistin gearbeitet. Manche ihrer universitären "Meister" waren Anfang der 50er Jahre aus politischen Gründen von der Universität entfernt worden und auch in ihrem Beruf stieg der politische Druck. Ihrem Kind wollte sie eine andere, freiere Zukunft bieten und beschloß deshalb bei der ersten Gelegenheit, legal auszuwandern. Eine Wiener Cousine ihres Mannes bot die Möglichkeit. Am Bahnhof in Krakau versammelten sich Familie und Freundin zu einem herzzerreißenden Abschied. Man wußte nicht, ob man sich je wiedersehen würde. Eine Kollegin fragte sie vor ihrer Fahrt ins Unbekannte, was sie denn in Wien anfangen würde. Zofia Zielinska, die zu ihrem Glück Deutsch als Maturafach gewählt hatte, antwortete: "..an der Universität arbeiten!" - und sie sollte recht behalten. Freilich war es bis dorthin ein langer Weg: Denn in Österreich erkannte man ihr polnisches Studium nicht an und sie mußte als Ausländerin hohe Studiengebühren zahlen. An der Wiener Universität studierte sie zunächst einmal, um sich sozial einzufinden.

Zofia Zielinska hat in Polen früh gelernt, sich selbständig und wider die herrschende Macht Wissen anzueignen: Während der Besetzung Polens durch Hitlerdeutschland wurden die polnischen Mittelschulen geschlossen. Im geheimen nahm sie weiterhin bei ihren Lehrern Stunden und konnte so nach Kriegsende schnell die verlorenen Jahre aufholen. Selbst die erzwungene Gegenwart eines Wehrmachtsoffiziers in der elterlichen Wohnung war ihr kein Hindernis: Wenn sie zuhause Prüfungen ablegte, gab sie diese als Namenstagsfeiern aus. Als sie nach dem Krieg studieren wollte, wurde ihr unter dem kommunistischen Regime die bürgerliche Herkunft zum Verhängnis. Diese Erfahrungen des Lernens aus Wißbegierde und im politischen Widerstand prägten ihr Leben und bestätigten in ihr die kulturelle und geistige Bildung als höchstes Gut. Die heute vorherrschende Passivität der Studenten kann Zofia Zielinska deshalb nicht verstehen.

In den sechziger Jahren, nach Abschluß ihrer österreichischen Dissertation über die Beziehungen der Wiener Theater zum Polnischen Theater in Krakau und Lemberg, hielt Zofia Zielinska als erste weibliche Lektorin in ihrem Fach polnische Sprachkurse ab. Den zeitweiligen Mangel an Professoren half sie damals mit einem reichhaltigen Lehrangebot über Stilistik, Landeskunde und literarische Kultur zu überbrücken. Es sind die Studierenden dieser Zeit, auf die sie am meisten stolz ist und die der flammenden Pädagogin auch entsprechend dankten: etwa der Übersetzer und Spiegel-Journalist Martin Pollack, die Lem-Übersetzerin Irmtraud Zimmermann-Göllheim, oder der Reporter Ryszard Kapuscinski. Ein Habilitationsvorhaben verwarf die begeisterte Pädagogin, weil sie ihrem Sohn auch privat eine umfangreiche Bildung angedeihen lassen und ein Familienleben bieten wollte. Diese "zweite Arbeit" bedauert sie rückblickend nicht: Ihr Sohn ist erfolgreicher Onkologe und Universitätsprofessor; er hat die umfassenden Bildungswerte seiner Mutter augenscheinlich umgesetzt.

Das Land, das sie Ende der 50er Jahre als Durchgangsland gewählt hatte, sollte das ihre werden. Bruno Kreisky, für dessen Regierung sie später im Rahmen polnischer Delegationen mehrfach dolmetschte, fragte sie einmal, ob sie denn schon seit längerem Polen verlassen hätte. Sie war ihm "zu lustig" für eine Eben-erst-Eingereiste erschienen. Der österreichische Staat zeichnete Zofia Zielinska bei ihrer Pensionierung mit dem Silbernen Ehrenzeichen für Verdienste um die Republik aus und von polnischer Seite bekam sie gleichzeitig die "Medaille für nationale Edukation".

Im Ruhestand kann sie ihrer ursprünglichen Ausbildung als Journalistin nun wieder nachkommen und sich dem Schreiben widmen. Für ihre frühe publizistische Tätigkeit muß sie sich denn auch nicht schämen: Mitte der 50er Jahre hatte sie einen großen Artikel über Antisemitismus in Polen veröffentlicht; ein andermal reagierte sie auf anonyme Denunziationen, indem sie sich gemeinsam mit einem Juristen gegen den neuen Strafkodex wandte, was für dessen Karriere Jahrzehnte später sehr förderlich war. Den kritischen Blick hat sich Zofia Zielinska auch in Wien behalten. Schließlich sei, so meint sie verschmitzt, Wien Krakau nicht unähnlich. C. B.

MDCCCLXXV

LOTTE PROFOHS

Lotte Profohs empfängt in einer ruhigen, grünen und inselhaften Erdberger Gasse unweit des Rings. Hinten hinaus hat sie einen Blick, der aus einer anderen Zeit oder einer anderen Stadt rühren könnte: auf eine Dachlandschaft à la Schiele oder aus Paris. Die helle Altbauwohnung hat sie über Jahrzehnte hin, trotz langer Auslandsaufenthalte und aufwendiger Wiener Wohn-Kunst-Projekte, gemeinsam mit ihrem Mann, dem Surrealisten Leherb, behalten. Heute wohnt sie alleine hier mit einer Taube, die zwar noch fliegen, aber nicht mehr landen kann. Hier bei den Leherbs traf einander die internationale Kunstszene, hier haben vor Jahren in privatem Rahmen Gilbert Bécaud und Manitas de Plata musiziert. Man spürt, daß der Raum Geschichte und sieht, daß er auch Gegenwart hat: auf der Staffelei steht eine schwarzweiße Tuschpinselzeichnung, die ein Paar in Umklammerung zeigt, Teil eines Zyklus, an dem Lotte Profohs derzeit arbeitet. Sie malt mit Vorliebe nachts, ohne Hast und ungestört - die letzte Einzelausstellung, "Emigranten der Zeit", hatte sie vor zehn Jahren. Ihre Zurückgezogenheit ist eine Reaktion sowohl auf den eigenen künstlerischen Erfolg ihrer Jugend als auch auf ihre jahrzehntelange öffentliche Existenz als Frau des vielbeachteten Renaissancemenschen Leherb.

Es ist, als hätte sie in all den Jahren mit einem doppelten Gesicht gelebt: mit einem sichtbaren, als aufsehenerregende und glamouröse Madame Leherb, und einem unsichtbaren, als die nur mit Familiennamen gleichermaßen geschlechtslos signierende Künstlerin Profohs. Dieser Widerspruch war nicht einzig in der Ehe mit einem exzentrischen und gefragten Künstler begründet, auf den sich die Medien konzentrierten und hinter den sie sich auf eine Weise gestellt hatte, "wie das Frauen eben können". Die tiefe soziale Verletzung setzte noch vor der traditionellen Festschreibung der Künstlersgattin als Muse und Dienerin ein. Lotte Profohs, die gemeinsam mit ihrem Mann die Hochschule für Angewandte Kunst absolviert hatte, widmete schon ihr Jugendwerk einem Thema, das erst Jahre später im Zuge der Neuen sozialen Bewegungen breiter aufgegriffen werden sollte: "Ich habe 1961 schon versucht, Frauen in ihren Nöten und ihrer

Existenz sichtbar zu machen", erklärt sie, und weist auf die im Geiste des Expressionismus und der chinesischen Kunst gestalteten Pinseltuschmalereien, mit denen sie über Einsamkeit, über Kurettage und Schwangerschaft, über Alter, weibliche Sexualität und Krankheit gearbeitet hatte. Mit dem Zyklus "Erbarmt Euch der Frauen" war sie gegen weitverbreitete misogyne Haltungen wie die eines Montherlant angetreten. Sie wurde noch vor Arnulf Rainer in Deutschland ausgestellt und ist bis heute die einzige Österreicherin, die vom Louvre für die grafische Sammlung angekauft wurde. Der europäische Erfolg war zwar beachtlich, der Preis im eigenen Land dafür aber hoch. Zuhause schlug ihr damals vor allem Mißgunst entgegen, manch männliche Kollegen bestritten sogar ihren Erfolg. Mit ihrer unspekulativen, doch kompromißlosen Kunst rührte sie an einem doppelten Tabu, brach in die Männerwelt als erfolgreiche Künstlerin ein und zeigte überdies, daß Frauen in einer völlig anderen Welt als Männer leben. Rückblickend stellt sie heute fest: "Ich bin damals als Frau zerbrochen". Die schöne und verletzliche junge Künstlerin hatte nach ihren Erfahrungen mit der männerbündischen Kunstszene beschlossen, keine Fotos mehr von sich als Malerin zu veröffentlichen und nicht mehr mit ihrem Vornamen zu zeichnen. Die Fotos aus den späten sechziger und den siebziger Jahren zeigen denn auch nicht Lotte Profohs, sondern Madame Leherb, die als blonde Pop-Ikone im turbulenten Paris neben dem Meister posiert.

Gemeinsam mit ihrem Mann war sie 1964 nach Frankreich gezogen, nachdem dessen Beteiligung an der Biennale Venedig durch den damaligen Minister Piffl-Percevic verhindert worden war. Zwölf Jahre brachte das Paar dort zu; die Stadt Paris stellte eine Corbusier-Villa als Atelier zur Verfügung. Lotte Profohs betreute zu dieser Zeit Mitarbeiter und Kunstkritiker für ihren Mann, führte daneben aber, in aller Stille, ihre eigene Kunst weiter. Ihr handwerkliches Geschick kam freilich auch Leherb zugute: als einzige Frau in Paris wußte sie damals Steinlithographien herzustellen. Das In-der-Fremde-Sein setzte sich in den Jahren danach fort. Lotte Profohs und Leherb gingen nach Belgien und Holland und versuchten zwischenzeitig in Wien ein altes theresianisches Haus als Kunstzentrum zu revitalisieren, womit sie, ihrer Zeit voraus, Schiffbruch erlitten. Leherb verkaufte dann alles was er hatte und ging nach Italien, um in Faenza, dem Ursprungsort der Keramikmalerei, an seinem Lebenswerk, den Wiener Universitätsfayancen, zu arbeiten. Lotte Profohs begleitete und unterstützte Leherb zwölf Jahre lang bei seiner übermäßigen künstlerischen und handwerklichen Verausgabung, die ihn erst um seine Gesundheit und kurze Zeit nach Fertigstellung ums Leben brachte. Ihr Porträt von Leherb zeigt ihn unmittelbar vor seinem Tod, als zermarterten Menschen, dessen Innen sich nach außen stülpt. Die radikale Erfahrung hatte nicht nur Madame Leherb, sondern auch die "andere" Lotte kompomißlos gelebt: "Was ich damals arbeitete, habe ich dann vernichtet, weil es mir neben diesem einzigartigen Werk klein erschien." Die Destruktion ist ihrer Arbeit allerdings von jeher eingeschrieben, jung hatte sie am Boden gemalt und sofort zerstört, was ihr nicht gut erschien: "Wenn man etwas selbst zerstört, braucht man nicht die Angst haben, daß es ein anderer tut."

Oft bringt die Künstlerin Zeit auf Bahnhöfen zu, um dort das Verloren-Sein der Menschen wahrzunehmen, das Ankommen in der vermeintlichen Anonymität, die Gesichter, an denen sich das Fremd-Sein und der Verlust ablesen läßt. Jetzt bereitet Lotte Profohs wieder eine Ausstellung vor, einen zweiten Zyklus zu den Emigranten der Zeit. War der erste Zyklus nach der Ostöffnung entstanden, so widmet der folgende sich nun dem Kosovo-Thema. Vielleicht kommt es irgendwann einmal zu einem Schulterschluß der unorthodoxen Künstlerin mit ihren Zeitgenossen und ihrer Stadt: In Wien hat die Unzeitgemäße bisher noch keinen öffentlichen Auftrag bekommen, man schätzte ihren Eigensinn eher im Ausland. Als die Abstaktion ihre Triumphe feierte, war sie als figural expressiv in Deutschland angekauft worden. Sie hatte sich mit Frauenthemen beschäftigt, lange bevor dies politisch opportun war. Sie empfand als junge Frau ihre Schönheit als Nachteil und wandte sich künstlerisch dem Alter zu. Heute, da sie äußerlich keine junge Frau mehr ist, fehlt ihr der Mensch, mit dem sie ein Leben lang einen Dialog geführt und der das Mädchen in ihr gekannt hat. Es ist für sie, als hätte sie umgekehrt gelebt. C. B.

ANTONIA BRUHA

"Ich sag' immer: Ich bin eine echte Österreicherin." – so springt Antonia Bruha in ihre Geschichte, die sie fast chronologisch, vom Anfang her erzählt, und sie beginnt also mit den Eltern: Ihr Vater war der Sohn eines - später verarmten - Fiakerunternehmers aus Wien Erdberg, das älteste von achtzehn Kindern. Er hatte den Beruf des Schlossers erlernt, allerdings nie als solcher gearbeitet – stattdessen hatte er Karriere in der Ottakringer Brauerei gemacht, sich dort bis zum Braumeister hinaufgearbeitet. Er war schon während der Monarchie Sozialdemokrat, ein politischer Mensch und dazu "sehr tolerant", wie seine Tochter in unserem Gespräch betont, die immer noch seinen sozusagen politischen Nachlaß – vor allem Bücher, verschiedenste Literatur – aufbewahrt. Antonia Bruhas Mutter war die Tochter eines Schweden und einer Tschechin aus Südböhmen, sie kam aus wohlhabenden, bürgerlich- katholischen Verhältnissen. Sie war zu einer Tante nach Wien geschickt worden, um sie auf ihre schon geplante Ehe mit einem reichen Schweden vorzubereiten – aber dann war alles ganz anders, "und sie ist nicht mehr nach Hause gefahren".

Die Geschichte von Antonia Bruhas Eltern ist eine Geschichte von Vielfalt, nämlich der Vielfalt von Kulturen, Sprachen, Religionen – und die mag nicht nur lange als der Inbegriff des Österreichischen gegolten haben; Antonia Bruha, die 1915, also noch in der Zeit der – inzwischen vielleicht schon sagenhaften – Donaumonarchie, geboren wurde, identifiziert sich mit dieser Vielfalt, und während ich ihr zuhöre, denke ich: was für ein Reichtum! Ihr Vater bestand darauf, daß seine Töchter (Antonia hatte eine drei Jahre ältere Schwester) wenigstens eine der beiden Muttersprachen lernen sollten und so besuchten sie die tschechische Schule im 3. Bezirk. Damit waren Weichen gestellt: nicht zuletzt jene zur tschechischen Sozialisation, die vielerlei Fortsetzungen finden, später immer wieder eine entscheidende Rolle spielen sollte. Antonia Bruha wollte studieren, naturgemäß Slawistik, aber die Mutter verweigerte ihr Einverständnis, sie hatte einen praktischen Beruf – Schneiderin oder Weißnäherin - und die baldige Verheiratung ihrer Töchter im Sinn. Antonia entschied sich allerdings für den Beruf der Friseurin und fand einen Lehrherrn, der Quäker und "ein fabelhafter Mensch" war: seine Eltern waren Tschechen gewesen, hatten ihm jedoch nicht viel von der Sprache mitgegeben, weshalb er sein Lehrmädchen um Tschechisch- Unterricht bat, während er ihr mit ihrem Englisch half und ihr für ihre Russisch- Kurse an der Volkshochschule, die sie ohne Wissen der Eltern besuchte, ein Alibi gab. "Und ich bin dann die ganze Zeit zu den Quäkern gegangen. Und meine Hauptprägung kam von den Quäkern", sagt Antonia Bruha und erzählt von deren Glauben und von deren Taten.

Schon mit vierzehn Jahren hatte sie sich entschlossen, turnen zu gehen: auch das eine Unternehmung, die nur gegen den Widerstand der Mutter und mit Untertstützung des Vaters durchgesetzt werden konnte. Auf Umwegen landete sie schließlich beim tschechischen Arbeiterturnverein: "Dort habe ich mich wirklich wohl gefühlt." Sie lernte dort nicht nur ihren späteren Mann kennen; die tschechischen Turnvereine und auch der deutsche Arbeiterturnverein wurden – vor dem Hintergrund der sich zuspitzenden Situation der dreißger Jahre – zunehmend Ausgangspunkte politischer Aktivitäten. Das war wohl der Grund, weshalb der tschechische und der deutsche Arbeiterturnverein nach dem Februar 1934 im österreichischen Ständestaat des Engelbert Dollfuß verboten wurden. Auch ihr Mann war in den Bürgerkrieg des Februar 1934 verwickelt: er kämpfte als Angehöriger des Schutzbundes im Rabenhof. 1935 heirateten die beiden, wie Antonia Bruha selbst sagt "mit Gewalt", abermals gegen den Willen ihrer Mutter, die Bedenken gegen einen arbeitslosen Schwiegersohn hatte (- die Tatsache seiner Mitgliedschaft beim Schutzbund hatte ihn seine Anstellung bei Siemens gekostet). "Also kurz und gut: dann hab' ich's ertrotzt!" ("Später", sagt sie, "habe ich mich gut mit meiner Mutter vertragen, und mein Mann hat sie auch gern gehabt.")

Das Leben in den dreißiger Jahren: der arbeitslose Mann versuchte, sich da und dort etwas dazu zu verdienen – so betreute er beispielsweise die Öfen der tschechischen Schule. Antonia Bruha arbeitete immer noch in jenem Frisiersalon auf der Hütteldorferstraße, wo sie gelernt hatte, allerdings nur an Freitagen und Samstagen, da nicht viel zu tun war. Inzwischen (1933) hatte sie bereits begonnen, für die tschechische Arbeiterzeitung zu schreiben, die sich nach 1934 nur noch Wiener Tschechische Zeitung nennen durfte, später auch für den in Prag erscheinenden Jungarbeiter (Mladý delník) und manche ihrer Kurzgeschichten, Gedichte und Artikel hatte auch eine in der Schweiz erscheinende tschechische Zeitung übernommen. Noch vor 1934 begannen sie und ihr Mann illegal zu arbeiten: sie fuhren nachts mit ihren Fahrrädern nach Preßburg, um von dort die Arbeiterzeitung nach Wien zu schmuggeln.

1938 waren es wieder die tschechischen Turnvereine, von denen aus der Widerstand organisiert wurde, aber diesmal waren alle – der nationale, der christliche und der ehemalige Arbeiterturnverein – einig: "Wir wollen alle das gleiche: ein freies Österreich", das war die von Antonia Bruha in einer Versammlung auf den Punkt gebrachte Losung. Bezirksweise wurden Widerstandsgruppen gebildet, und zunehmend wurden auch Nicht-Tschechisch-Sprachige Aktivisten eingebunden. Antonia Bruha selbst beteiligte sich an Sabotageakten, gemeinsam mit dem Schutzbündler Franz Nakovitz transportierte sie Spreng- Material. 1941 wurden die beiden, denunziert und verhaftet – und zwar im Oktober, Antonia Bruha hatte im Juli des Jahres unter schwierigsten Bedingungen ein Kind geboren. "Ich war unglücklich! ... Jetzt bin ich glücklich, weil ich nach dem Krieg kein Kind mehr halten hab' können!" Insgesamt wurde eine Gruppe von über 100 Personen nach und nach verhaftet, 25 Männer sind erschossen worden, vier wurden enthauptet, andere sind ins KZ gebracht worden. Nach fast einjähriger Einzelhaft bei der GESTAPO wurde sie mit drei anderen Frauen nach Ravensbrück deportiert, ihr Schutzhaftbefehl trug den Vemerk "Rückkehr unerwünscht". Dort mußte sie ausharren – bis 1945, bis zur Befreiung. Das Kind war ihr weggenommen und über Umwege – eine Oberschwester in der Kinderübernahmestelle nahm sich des Mädchens an - bei einer wohlgesinnten Pflegefamilie untergebracht worden. Ihr Mann, der – wie übrigens viele andere ehemalige Schutzbündler auch – 1938 sofort wieder bei Siemens angestellt worden war, mußte nach wenigen Wochen Gefängnisaufenthaltes aus Mangel an Beweisen wieder frei gelassen werden.

Seit den sechziger Jahren tourt Antonia Bruha durch die Schulen, um von ihren Erlebnissen und Erfahrungen zu berichten. Deshalb hat sie auch ihr Buch geschrieben: "Ich war keine Heldin" (München: Europaverlag 1995) ist der Versuch, die Zeit im KZ Ravensbrück zu verarbeiten und zugleich zu vermitteln: Sie wollte den Jungen etwas Les- und also Begreifbares, ein romanhaft erzähltes Einzelschicksal vorlegen. Das Material für dieses Buch sammelte sie nach 1945, während ihrer langen Spitalsaufenthalte. Seit vielen, nämlich über dreißig Jahren arbeitet Antonia Bruha ehrenamtlich für das Dokumentationsarchiv des Österreichischen Widerstandes. S. SZ.

VW
Geo
1996

ERIKA WEINZIERL

Wir verabreden uns wie selbstverständlich an "ihrem" Institut, wo die emeritierte Zeitgeschichte-Professorin nach wie vor ein Arbeitszimmer innehat. Im neuen Institutsgebäude, dem ehemaligen Allgemeinen Krankenhaus, steht ihr ein kleines Büro mit Blick auf den Park zur Verfügung. "Nach einem halben Jahrhundert Staatsdienst habe ich mein schönstes Zimmer bisher, und da soll ich nicht hierher arbeiten kommen?" Am Schreibtisch häufen sich in der Tat Papiere und Akten. Erika Weinzierl, nach wie vor eine Vielbeschäftigte, hat auch nicht sehr lange Zeit. Ohne Mühe spannt sie einen Erzählbogen über ihre Arbeit und ihr Leben, der eineinhalb Stunden füllt: die exakte Dauer einer Vorlesung.

An der Wand hängt eine Karikatur von "Ironimus" Peichl, die ihre Berufung an das Wiener Institut darstellt: die damalige Wissenschaftsministerin Herta Firnberg kommt als Krankenschwester aus dem Kreissaal, die männlichen Kurienvertreter warten draußen, im Steckkissen lugt "Erika" hervor, präsentiert von Firnberg mit den Worten "Es ist ein Mädchen!". Erika Weinzierl, die zuvor an der Salzburger Universität als einzige Frau eine ordentliche Professur innegehabt hatte, wurde 1979 ans Wiener Institut für Zeitgeschichte zur Professorin für Neuere und Neueste Geschichte berufen. Herta Firnberg unterstützte mit der Berufung der im Dreiervorschlag Erstgereihten nicht bloß eine weibliche Kapazität, sondern auch eine wissenschaftliche Neuorienterung: Hatte man sich an diesem Institut bis dahin vor allem mit Militärgeschichte befaßt, so zeigte Weinzierl schon mit ihrem Probevortrag über Antisemitismus in Europa, daß sie nicht wie ihr Vorgänger viel über Krieg lesen würde, sondern über Republikgeschichte, Nationalsozialismus und die Geschichte Europas seit 1848.

Der Weg zum Bruch der österreichischen geschichtswissenschaftlichen Disziplin mit der Verdrängung der NS-Zeit wurde von Weinzierl entscheidend geebnet. Sie veröffentlichte 1963, angeregt durch die Publikationen des nach Princeton emigrierten Wissenschafters Robert A. Kann und angespornt durch den katholischen Universitätsseelsorger Otto Mauer, den ersten kritischen Artikel über Kirche und Nationalsozialismus in der Zeitschrift Wort und Wahrheit . Ihre wichtigsten Aufsätze hatte sie bis dahin über mönchische Alltagsgeschichte in Millstatt und Hungersnöte unter Joseph II publiziert, doch der zeitgeschichtliche Stoff lag ihr nicht fern.

Schon als Schülerin hatte sie gegenüber den rassisch diskriminierten Mitschülerinnen Solidarität gezeigt und als Studentin sich im Nachkriegswien gemeinsam mit aufgeklärten katholischen Kollegen für die Entnazifizierung der Universität eingesetzt. Ihr Vater, den sie als Lebensmenschen bezeichnet, war ein überzeugter Sozialdemokrat gewesen, dessen Karriere im Schulbereich 1934 abbrach. Der Nicht-Nazi hatte seiner Tochter beim Anschluß sofort prophezeit, daß es Krieg geben würde. Erika Weinzierl betrachtet die Jahre während des Krieges, in denen sie im Arsenal für die Waffenproduktion und auf der 5er-Linie als Schaffnerin arbeiten musste, rückblickend nicht mehr als verlorene Jahre: "Ich habe damals die Wiener von ihrer besten Seite kennengelernt". Sie war einfachen Arbeitern begegnet, die ihr im kalten Winter frühmorgens Zichorienkaffee aus der Thermosflasche reichten, mit den Worten: "Madl, damit'st net so frierst". In ihr war in jenen schweren Zeiten der Eindruck stark gewesen, daß diese kleinen Leute ihre antinazistische Haltung spürten und teilten.

Wie ernst es ihr mit ihrer Überzeugung ist, bewies Erika Weinzierl nicht zuletzt vor wenigen Jahren mit ihrem Austritt aus der ÖVP nach dreißig Jahren Parteimitgliedschaft, als Wolfgang Schüssel im Wahlkampf eine Koalition mit Haider nicht ausschloß. Als links hatte die Bewunderin des ehemaligen Bundespräsidenten Kirchschläger und des Kardinals König immer schon gegolten. Bruno Kreisky hatte sie 1966 offiziell nach Schweden mit der Bemerkung zum Christinenkongress geschickt, in seiner eigenen Partei sei ihm niemand eingefallen.

Erika Weinzierl, die erste gewählte Gleichbehandlungsbeauftragte der Universität Wien, stellt heute fest, daß sie ihren Weg nicht ohne bestimmte (männliche) Unterstützer gehen hätte können. Im Staatsarchiv hatte sie als wissenschaftlich engagierte Mitarbeiterin ihre A-Beamtenlaufbahn mit dem Beistand des damaligen Direktors Dr. Gebhart Rath beginnen können, der sich anderen männlichen Stimmen entgegensetzte, die ihr als Frau eine solche absprechen wollten. Und im damaligen Direktor des Institutes für Geschichtsforschung, ihrem Doktorvater Leo Santifaller, fand sie einen Förderer ihrer weiteren wissenschaftlichen Laufbahn.

Auf ihre leiblichen Söhne ist sie so stolz wie auf die geistigen, die heute großteils habilitiert und teilweise ihrerseits Professoren sind. Ihre Kinder hat die leidenschaftliche Historikerin jeweils an einem Sonntag in die Welt gesetzt. Damals witzelten ihre Kollegen über sie: "Die Erika kann ihre Kinder nur am Sonntag kriegen, denn von Montag bis Samstag arbeitet sie". C. B.

HILDEGARD JOOS

Hildegard Joos lacht. Was auch immer sie erzählt, woran auch immer sie sich erinnert – Privates und Berufliches, Gutes und Schlechtes, ja manchmal sogar Schreckliches: sie lacht. Aber das Lachen der Hildegard Joos ist kein Lachen aus der sicheren Distanz vieler Jahre. Sie sagt: "Ich kenne keine Angst ... Angst nützt ja nix." – Und berichtet von Übergriffen, bei hellichtem Tage, womöglich auf der Kärntner Straße, gegen die sie sich – mit ihrem Stock, den sie immer dabei hat – heute ebenso zur Wehr zu setzen weiß, wie sie sich in den Nachkriegsjahren, als sie einmal von Sieghartskirchen per Autostopp nach Wien fahren mußte (um Farbe zu kaufen), vor einem mutmaßlichen Gewaltverbrecher in Sicherheit bringen konnte, der sie bereits massiv bedroht hatte. Hildegard Joos ist positiv und optimistisch, sie sieht ihrem Schicksal gelassen entgegen: "Was einem bestimmt ist, bleibt dann eh nicht aus!", sagt sie. Und lacht.

Auf geradezu exemplarische Weise wird diese Haltung anhand zweier gewissermaßen einschlägiger Episoden bestätigt: Eine davon, nämlich die banalere, betraf die im Rahmen eines offiziellen Empfangs verkündete Prophezeiung einer Astrologin, eine lange vorbereitete Ausstellung österreichischer Künstler in Israel werde nicht stattfinden; in letzter Sekunde traf diese Vorhersage, an die keiner der Beteiligten glauben wollte, ein, infolge der innenpolitischen Lage in Israel war die Veranstaltung torpediert worden. Die zweite Episode ist die folgende: Ihr späterer Mann hatte sie – Hildegard Joos war damals etwa achtzehn Jahre alt gewesen – zu einer Astrologin geschickt und ihr um 350 Goldschillinge, wie sie sich erinnert, ein Horoskop bezahlt. Aufgrund dieses Horoskops sei die Astrologin so sehr von ihrem künftigen Erfolg überzeugt gewesen, daß sie angeboten habe, für Hildegard Joos' Studium an der Akademie aufzukommen. Zu diesem Zeitpunkt hatten ihre Eltern – das Geschäft des Vaters war überfallen worden – große Geldprobleme und Hildegard Joos mußte ihr Malereistudium an der Wiener Frauenakademie abbrechen, um ihrerseits zum Unterhalt der Familie beizutragen. Zudem war das Verständnis der Eltern für die Begabung der Tochter ohnehin sehr begrenzt: "Meine Mutter hat alles weggeworfen ... das war ihr zu wenig schön ... denn ich habe immer sehr eigenwillig gezeichnet."

Also nahm sie, um ihre Familie zu unterstützen, einen Posten in einer Versicherung an, wo sie sich schnell etablieren konnte, sehr gut verdiente und zudem auch wohl fühlte. Aber das Schicksal – so möchte man an dieser Stelle sehr bewußt sagen – hatte andere Pläne mit ihr.

Unser Gespräch führen wir im Atelier von Hildegard Joos, in einem Wiener Gemeindebau im 9. Bezirk. Sie war zum ersten Mal hierher gekommen, um eine Versicherungsprämie zu kassieren. Professor Heinrich Krause malte eben an zwei Porträts – Lehár und Gombrich – und Hildegard Joos dachte: "Was der kann, kann ich auch." Den Beweis ihres Könnens trat sie umgehend an und Professor Krause forderte sie auf: "Na, sofort auf die Akademie!" Wohl mehr aus Pflichtbewußtsein und ohne jede Euphorie trat sie zur Aufnahmeprüfung an. Sie habe die schlechtesten Zeichnungen ausgewählt, denn sie habe eigentlich weiterhin in der Versicherung arbeiten wollen, dort habe man ihr bereits einen Direktorenposten in Aussicht gestellt. Aber Professor Krause veranlaßte sie zu einem zweiten Versuch, und diesmal wählte er selbst die Zeichnungen aus, die sie vorlegen sollte: So kehrte Hildegard Joos dem Versicherungswesen endgültig den Rücken und ihre künstlerische Karriere begann. Mit einem Stipendium studierte sie Malerei an der Akademie der bildenden Künste in Wien – um nach Studienabschluß zunächst ratlos zu sein: "Jetzt weiß ich, daß ich nix weiß", so schien es ihr damals.

Dabei erzielte sie bereits während des Studiums recht große Erfolge mit ihren Aquarellen. Selbst die Professoren kauften bei ihr, die Kritik bescheinigte ihr bei den Ölbildern "den Farbauftrag von Böckl" und ihr Stil wurde mit jenem Georges Rouaults verglichen – übrigens auch von Kollegen, wie etwa Josef Mikl. "Jeder hat irgendein Klischee aufgenommen", sagt sie rückblickend (- und Mikl, so erinnert sie sich, habe wie Mondrian gemalt ... -), obwohl der Kunstgeschichteunterricht an der Akademie vor dem zwanzigsten Jahrhundert Halt gemacht und sie daher keine Ahnung von den zeitgenössischen Strömungen gehabt habe. Bald jedoch verlor sie jedes Interesse an der Aquarellmalerei und suchte nach einem neuen, anderen Betätigungsfeld. Hildegard Joos studierte nun die alten Meister und erwarb sich einen Ruf als Kopistin – oder auch: "Ich bin sozusagen verschrien gewesen als beste Kopistin."

Sie arbeitete in Museen und reiste durch ganz Europa, um Tizian, Rembrandt, Dürer, Velazquez und viele andere mehr zu kopieren. So kam sie auch nach Italien, wohin sie heute noch gerne und oft fährt, um Freunde zu besuchen, und nach Frankreich, nach Paris vor allem, wo sie ab 1959 viele Jahre hindurch ein Atelier haben und etwa die Hälfte des Jahres leben und arbeiten sollte. An Paris denkt Hildegard Joos gerne zurück, an die von Wien so unterschiedliche Atmosphäre, an die Menschen, mit denen sie hier zu tun hatte – sie wurde Minister Malraux vorgestellt und hatte gute Kontakte zu anderen in Paris lebenden Kollegen und Kolleginnen, wie etwa Bruno Giacometti und Sonia Delaunay. In zwei Städten parallel zu über/leben, war jedoch keineswegs leicht, sie habe eine Zeit lang wirklich fast gehungert. In den sechziger Jahren lernte sie Harold Joos kennen, mit dem sie auch heute noch zusammenarbeitet, gemeinsam begannen sie, sich für die Geometrie zu interessieren. Vorbilder habe sie nie gehabt, erklärt Hildegard Joos kategorisch, sie habe sich immer selbständig entwickeln wollen. Sie räumt allerdings ein, daß sie sich natürlich für die Arbeiten der Kollegen interessiert habe; und daß die Auseinandersetzung mit den Arbeiten Malewitsch's und dem russischen Konstruktivismus in den sechziger Jahren im Rahmen ihrer Zusammenarbeit mit Harold wichtig war.

Hildegard Joos lacht. Sie ist praktisch und pragmatisch. Sie organisiert ihren Alltag und auch den Harolds, sie kümmert sich um den Verkauf und ihre Sammler, von denen sie mit besonders großer Freude erzählt, um ihre Ausstellungen – Bilder von Hildergard Joos waren schon in aller Welt zu sehen. Trotz ihrer Hüftschmerzen und trotz der schwächer werdenden Augen kocht sie täglich - und sie malt natürlich täglich drei bis fünf Stunden. Sie zeigt mir ihre Keramiken, ihre Seidentuch- und Schirmentwürfe und das in Stahl gegossene, von Harold entworfene Signet von H+H JOOS: eine Schnecke, die für das Sich-Einverleiben und Von-Sich-Geben steht. Sie führt mich in ihr Lager, wo Bilder aus mehreren Jahrzehnten gestapelt sind, manche von ihnen warten schon auf den Transport zur nächsten Ausstellung. Sie zeigt mir einzelne, ältere Arbeiten, damit ich mir einen Eindruck verschaffen kann. Sie sieht dabei, daß ein paar Bilder falsch, unsachgemäß gelagert sind– und plötzlich verstummt das Lachen der Hildegard Joos und ich habe den Eindruck: das tut ihr wirklich weh.

S. SZ.

ERNA MUSIK

Sie zeigt mir den schönen Blick aus dem Schlafzimmer auf die von ihr geliebte Brigittenau und weithin bis zu den Wäldern hinter Floridsdorf. Wir befinden uns im Freiheitsturm, einem Wiener Gemeindebau, in den Erna Musik Anfang der sechziger Jahre als eine der Ersten gezogen war. "Der Freiheitsturm ist was für dich", hatte ihr damals der Bezirksvorsteher gesagt.

Von der Stadtlandschaft weist sie auf das Buchregal links vom Fenster, wo sich Literatur über die Konzentrationslager befindet und eine kleine Stoffpuppe, die einen weiblichen KZ-Häftling mit Kopftuch und in gestreifter Kleidung darstellt, das Geschenk einer ehemaligen Lagergenossin: "So habe ich damals ausgeschaut, ein Muselmann". Der Begriff aus den Lagern, der damals die völlig Erschöpften bezeichnete, kommt ihr knapp über die Lippen. Sie war schwerkrank kurz vor Kriegsende aus Auschwitz getrieben worden, hatte den Todesmarsch überlebt und wog bloß 38 Kilogramm, als sie aus einem Nebenlager von Ravensbrück befreit wurde. Eine unbändige Sehnsucht trieb sie auf schnellstmöglichem Weg in ihre Heimatstadt. Sie schlug sich teilweise zu Fuß nach Hause durch, um zurück zu ihrer Tochter zu gelangen, die ihr die Gestapo drei Jahre zuvor als Säugling aus den Armen gerissen hatte. Diese Sehnsucht nach dem Kind war ihr im Lager ein solcher Überlebensantrieb gewesen, daß sie ihr Leben, wieder in Freiheit, nicht zu schonen wußte. Selbst ihrem Mann gelang es nicht, Erna Musik ein weiteres Mal, wenn auch zur Genesung und nur für kurze Zeit, von ihrem Kind zu trennen.

Damals schaltete sich Rosa Jochmann ein, die sie schon in Ravensbrück unter ihre Fittiche genommen hatte, und ließ die an den Folgen der Lager schwer Erkrankte von Wiener Krankenpflegern überfallsartig abtransportieren.

Erna Musik ist nicht immer ohne Schwierigkeiten der späteren Aufforderung ihrer mütterlichen Freundin Rosa Jochmann nachgekommen, von den unsagbaren Erfahrungen einer rassischen und politischen Verfolgung zu sprechen. Den ehemaligen Ortsgruppenleiter, der sie 1942 verhaftet hatte, ohrfeigte sie bei dessen Prozeß spontan - der zuständige Richter hatte damals dafür wenig Verständnis. Nach dem Krieg war sie selbst in eigenen Parteikreisen auf unverschämte Bemerkungen über ihre Lagerzeit gestoßen und darob einige Jahre ihrer SP-Sektion ferngeblieben. In der Zeit war sie in anderen Organisationen aktiv, wie im Wirtschaftsverband oder bei den Freiheitskämpfern, deren Ehrenvorsitzende sie heute ist. Die Brigittenau kennt sie wie ihre Westentasche: Hier ist sie geboren, hier hat sie in der Sozialistischen Jugend ihren Mann kennengelernt und nach dem Krieg als Weißnäherin den mütterlichen Betrieb wiederaufgebaut, trotz der schweren Lungenkrankheit, die sie sich im KZ zugezogen hatte, und gegen den Widerstand so mancher, die sie lieber als bloße Mutter und Hausfrau gesehen hätten. Wie sie damals unbeirrt das Familieneinkommen erhöhte, um ihrer Tochter Schuhe kaufen zu können, so geht sie bis heute aufrecht ihren Weg. "Ich bin keine Frau gewesen, die daheim gesessen wäre und gewartet hätte auf ihren Mann": Auf diese Weise erklärt Erna Musik ihr enormes soziales und politisches Engagement, das sie über ihre Berufstätikeit hinaus ein Leben lang mit oder ohne ihren Mann innerhalb verschiedener Verbände verwirklichte.

Ihren Drang zur Unabhängigkeit hat sich Erna Musik auch angesichts von Altersbeschwerden erhalten. Die Folgen eines

Schlaganfalls sucht sie heute mit Zähigkeit und Mut zu überwinden. Sie hätte ihre Tochter nach kurzer Pflegezeit wieder nach Hause geschickt, denn sie wolle lieber für sich selbst sorgen. Im Spital hatte ein Oberarzt sich ganz besonders um ihre Genesung gekümmert, ihr Name und ihre Geschichte waren ihm vor langer Zeit von einer älteren Kollegin vermittelt worden, ihr Lebenswille wohl auch.

An dem frühsommerlichen Wahltag, an dem wir sie treffen, läßt sie es sich nicht nehmen, ihrem Parteilokal im Pokorny-Hof einen Besuch abzustatten, dem Ort, an dem sie selbst mehr als ein Jahrzehnt - bahnbrechend für die Frauen im Bezirk - als Sektionsleiterin tätig war. Auf die Frage, welches Gefühl sie mit Wien verbinde, antwortet sie nur kurz, "Schauen Sie, ich bin aus Auschwitz hierher zurückgekommen. Das ist meine Heimat."

C. B.

EDITH LASSMANN

Edith Lassmann legt mir Fotos vor: Fotos von ihren Projekten, wie etwa das Pensionistenheim in Atzgersdorf, das Krafthaus Limberg, das Teil der Kraftwerksgruppe Glockner-Kaprun ist, und ein nach dem Krieg gebautes Wohnhaus für berufstätige und alleinstehende Frauen – aber außerdem auch ein Foto, das sie selbst als Kind zeigt, als Mädchen im Vorschulalter in den zwanziger Jahren; das Spielzeug, das sie in der Hand hält ist ein kleines, vom Vater selbst geschnitztes Holzhaus. "Es wird kaum ein Foto geben von mir", so kommentiert sie, "wo ich nicht ein Häuserl in der Hand habe".

Denn so hat alles begonnen: Edith Lassmann wurde 1920 als Tochter eines Bauingenieurs geboren. Ihr Vater war Leiter der Bauabteilung der Elektrizitätswerke und konnte sich besonders mit dem Bau der Siedlung Glanzing nach dem 1. Weltkrieg einen Namen machen. Er hatte sein Büro zu Hause und band seine Kinder – denn er habe alle Kinder als Menschen ernst genommen, so betont sie - ganz selbstverständlich in seinen Arbeitsalltag ein. Nicht nur ihr fast fünf Jahre älterer Bruder trat in der Folge in die Fußstapfen des Vaters; auch Edith selbst wußte schon mit sechs Jahren, daß sie einmal Häuser bauen werde. Sie wuchs gewissermaßen in ihre zukünftige Arbeit und in alles, was damit zusammenhing – das Rechnen, das Zeichnen – von frühester Jugend an, hinein. Fast spielerisch schlug sie sich durch die Realschule und mit großer Euphorie nahm sie ihr Architekturstudium auf.

Jedoch der Krieg wird in Edith Lassmanns Leben zu einer Zäsur. Ganz deutlich erinnert sie sich heute noch an eine Situation, wo sie innerhalb nur einer Woche vom Tod von fünfundzwanzig ihrer männlichen Studienkollegen erfahren muß: Sie sitzt an ihren Zeichnungen, durch das Fenster sieht sie, wie sich ein Gewitter zusammenbraut und während rund um sie die Blitze niederschlagen, versteht sie plötzlich nicht mehr, weshalb ausgerechnet sie noch lebt. Aber auch die weiblichen Studierenden bleiben vom Kriegseinsatz nicht verschont, Edith Lassmanns Jahrgang ist der erste, der zum – noch nicht perfekt durchorganisierten - Arbeitsdienst verpflichtet wird. Man schickt sie nach Lübeck; dort wird sie – zu ihrer eigenen Überraschung – in einem Baubüro am Zeichentisch eingesetzt; in Lübeck erlebt sie später auch die ersten Bombenangriffe mit, sie wird von dieser Baustelle abgezogen - und muß nun helfen beim "Rausklauben dessen, was noch von Menschen übrig" ist. Nach ihrer Rückkehr sei sie um viele Jahre älter gewesen, sie habe sich wirklich betäubt mit der Arbeit. Sie forcierte und beendete ihr Studium, füllte gleichzeitig einen Posten als Assistentin/ wissenschaftliche Hilfskraft an der Universität aus und wurde darüber hinaus bereits für das Architekturbüro ihres Professors engagiert.

Daß nach dem Krieg "die ganzen gescheiten Frauen übrig geblieben" sind, "Frauen, die studiert und gearbeitet haben" – diese Situation war der Architektin Edith Lassmann allemal sehr vertraut (- wenn ihr eigenes Leben auch anders verlaufen war). 1949 wurde die "Gemeinnützige Baugenossenschaft berufstätiger Frauen" gegründet, die sich vor allem um das Problem der Wohnungsnot unter alleinstehenden, berufstätigen Frauen kümmern wollte; immerhin standen nach 1945 kaum unbeschädigte Wohnungen zur Verfügung und gerade für alleinstehende (zum Teil infolge des Krieges verwitwete) Frauen war es besonders schwer, eine Unterkunft zu finden. Noch 1949 kaufte die Genossenschaft einen Grund im 14. Bezirk, in der Hadikgasse 112: Es gelang, einen Kredit im Rahmen des "Wohnhauswiederaufbaufonds" zu erkämpfen, pro m2 Wohnungsfläche wurde eine Förderungssumme von 2.000,- Schilling zur Verfügung gestellt. Das bedeutete für die mit der Planung beauftragte Architektin Edith Lassmann nicht nur äußerst sparsam zu bauen; eine der Auflagen für eine Förderung durch den "Wohnhauswiederaufbaufonds" war darüber hinaus, daß das ursprüngliche Objekt wiederhergestellt werden mußte – im Falle der durchschnittlich nur etwa 30 m2 großen Garconnieren wäre das aber nicht sinnvoll gewesen, die Gangküchenwohnungen waren – vor allem was die Entlüftung betraf – äußerst ungünstig gestaltet. Edith Lassmann setzte ihren ganzen Ehrgeiz darin, einen Gegenentwurf, der eine Entlüftung nach beiden Seiten hin ermöglichte und auch andere Mängel ausglich, aber dennoch in m2- und m3- Raum mit dem ursprünglichen Haus übereinstimmte, zu präsentieren: "Mit dem Effekt, daß sich natürlich die Männer geärgert haben, daß ihnen die Idee nicht gekommen ist."

Obwohl die im Zuge dieses Baus entstandenen Probleme nicht gering waren – Edith Lassmann hatte mit der Baufirma zu kämpfen und sah sich zu Beginn auch noch mit dem Mißtrauen der zuständigen Politiker konfrontiert -, wurde sie später mit einigen solcher Wiederaufbauprojekte betraut. Eine ganz andere bemerkenswerte Arbeit Edith Lassmanns war die Gestaltung des Oberstufenkrafthauses Limberg im Rahmen des Kraftwerks Glockner-Kaprun. 1950 wurde ein Wettbewerb für die Ausbildung der Limbergsperrenkrone ausgeschrieben – jenseits der technischen Anforderungen sollten also auch architektonisch-ästhetische erfüllt werden, denn "[v]or diesen großzügigen Linien und Flächen der Felsen und der Sperrenmauer sollte das zu planende Krafthaus bestehen und von den gigantischen Maßstäben der Natur und der Sperre zu Menschenmaßen überleiten", so beschrieb Edith Lassmann selbst die Aufgabenstellung.

Tatsächlich vermittelt sie mir während unseres Gespräches über ihre Arbeit immerzu den Eindruck, daß es die Menschen und ihre Bedürfnisse waren, die im Mittelpunkt ihrer Planungsüberlegungen standen. Mit großer Sorgfalt und Liebe erklärt Edith Lassmann die Ideen, die den Hintergrund zu ihren verschiedenen Projekten bilden; es ist dies die gleiche Sorgfalt und Liebe, mit der sie etwa auch die Geschichte ihres eigenen Hauses erzählt, die nicht nur in gewisser Weise die – bis ins letzte Jahrhundert zurückreichende – Geschichte des 18. Bezirks ist, sondern natürlich auch die Geschichte ihrer eigenen Familie. Sie zeigt mir stolz ihren Garten, der Rest der Terrasse eines alten Weinbergs; die Gartenarbeit auf einem "Stück Erde, das nicht blöd gequält worden ist", mit dem sie so verwurzelt ist, macht sie glücklich. S. SZ.

DANK an Elisabeth Halbritter.

ELLA LINGENS

Als ich sie zum Gespräch bitte, steht Ella Lingens kurz vor ihrem Sommerurlaub in Bad Aussee. Sie fahre, sagt sie, seit sie als Dreijährige mit ihrer Mutter zum ersten Mal dorthingekommen sei, jedes Jahr ins Salzkammergut; nach einer kurzen Pause fügt die betagte Dame scheinbar nonchalant hinzu: "... bis auf die Zeit, die ich in Auschwitz verbracht habe".

Trotz gesundheitlicher Belastungen spricht die gute Erzählerin fast drei Stunden lang. Als hätte sie die fast neunzig Jahre ihres Lebens glasklar präsent, fächert sie Biographien, Schicksale, Zusammenhänge und Paradoxien auf. Psychoanalytisch noch im Freudschen Wien geschult und mit dem weisen Abstand des Alters benennt die gelernte Juristin und Medizinerin Wünsche ihrer Mitmenschen, ihr unmittelbares Leben betreffend. Es beginnt damit, daß Lingens sich als Anhängerin der Fristenlösung bezeichnet und diesen Satz nicht ohne Ironie auf ihre eigene Existenz bezieht: Ihre Mutter, eine energische Tochter aus gutem Wiener Haus, die gerne studiert und einen Beruf ausgeübt hätte, hatte Ellas Geburt - sie war die jüngste von fünf Geschwistern - einmal in Gegenwart der Zehnjährigen als Anlaß zur Verzweiflung bezeichnet. Die unbewußte Ablehnung ging so weit, daß die Mutter ihre Tochter während eines Studienaufenthalts in England aus Wien polizeilich abmeldete. Wenige Jahre später sollte dies der jungen Juristin zum Verhängnis werden, weil sie eine jugoslawische Zufalls-Staatsbürgerschaft und damit keine Arbeitserlaubnis hatte. Man wies ihren Antrag auf Verleihung der österreichischen Staatsbürgerschaft mit der inoffiziellen Begründung ab, "arbeitslose Juristen haben wir in Österreich genug". Vielleicht aber sollte dieser Umstand wieder ein paar Jahre später ihr Glück bedeuten. Denn die Tatsache, daß sie in den dreißiger Jahren in Ermangelung einer Arbeitsmöglichkeit weiter Medizin studierte, gemeinsam mit ihrem späteren Mann Kurt Lingens, der deutscher Staatsbürger war, kam ihr wiederum im KZ zugute: Ella Lingens erzählt von einem SS-Arzt, der sie als ehemalige Marburger Medizinstudentin in einer Anwandlung von Studiennostalgie protegierte und im Konzentrationslager vor dem Tod durch Fleckfieber rettete. Den Tod wünschten ihr, so berichtet sie, damals andere: Die Erzieherin, die sich während ihrer mehrjährigen Abwesenheit liebevoll um ihr Kind gekümmert, im Kind auch die Erinnerung an sie wachgehalten hatte, sehnte aus Liebe zu diesem Kind das endgültige Verschwinden von dessen Eltern herbei. Ähnlich wünschte die spätere Lebensgefährtin ihres Mannes, daß sie aus Auschwitz nicht zurückkäme.

Ella Lingens wurde im Oktober 1942 von der Gestapo verhaftet, weil sie Juden versteckt und versucht hatte, ihnen zur Flucht zu verhelfen. Der Mittelsmann war ein Gestapospitzel gewesen; dieser hatte sie verraten, sobald sie ihre Kontakte einstellte, weil sie bemerkte, daß die Flüchtlinge nicht an ihrem Ziel ankamen. Die Widerstandstätigkeit war ihren Freundschaften entsprungen, wohl auch ihrer frühen politischen Bildung im Verband sozialistischer Mittelschüler; aus ihrem Bekanntenkreis waren etwa neunzig junge Menschen emigriert. Sie zögerte während des Krieges ihren zweiten Studienabschluß hinaus, um nicht als Nicht-Nazi in eine deutsche Stadt zum ärztlichen Arbeitsdienst abkommandiert zu werden. Die Flucht von polnischen Juden organisierte sie zusammen mit dem als Halbjude verfolgten Taufpaten ihres Sohnes auf Bitte eines jüdischen Jugendfreundes, der schon drei Jahre politische Haft unter Stalin hinter sich hatte und paradoxerweise im Zuge des Hitler-Stalin-Abkommens in einem Gefangenenaustausch als Deutscher an die Gestapo übergeben worden war; weil dies noch vor der Wannseekonferenz geschehen war, ließ man den Freigekommenen nach Polen zu seiner Tante ziehen. Er überlebte im polnischen Widerstand. Lingens' Mann, den sie mit ihren Aussagen zu schützen versuchte, wurde als frontuntauglicher Wehrmachtangehöriger vor ein Militärgericht gestellt und entkam in einer Strafkompagnie an der Ostfront als einziger dem Tod. Ella Lingens kam ins KZ. Daß sie das Lager überlebte, schreibt sie einer Reihe von merkwürdigen Zufällen zu, wie der Tatsache, daß sie aufgrund eines Fleckfieberfalles in der sogenannten Wiener "Liesl" vier Monate lang in Quarantäne kam und ihr dadurch der erste strenge Winter in Auschwitz erspart blieb. Oder der Tatsache, daß sie im Dezember 1944 aus Auschwitz, gegen den Wunsch des damaligen SS-Lagerarztes Mengele in einem Einzeltransport nach Dachau überstellt wurde, um dort in einem Außenlager für Frauen zu arbeiten, das der IG Farben diente, unter einem Kommandanten, den sie als vergleichsweise harmlos erlebte.

Ella Lingens blieb nach dem Krieg zunächst in Kärnten; sie wollte nicht nach Wien zurück, wo es an Heizmaterial mangelte und wo ihr Mann inzwischen mit einer anderen Frau lebte. Trotz ihres nicht ganz abgeschlossenen Medizinstudiums konnte sie als Sekundarärztin in einer Lungenheilstätte in Kötschach zu arbeiten beginnen. Danach wurde sie Lungenfachärztin, weil sie ihren alten Plan, eine Lehranalyse zu machen, aus Kostengründen nicht realisieren konnte. Ihr Mann arbeitete erfolgreich an einer Wiener Kinderklinik. Doch wenig später gab er alles auf, um nach Amerika zu gehen und dort als Psychiater ein neues Leben zu beginnen, wohl auch um die Trennung von seiner ersten Frau und dem Kind vollziehen zu können. Ella Lingens beschreibt seinen frühen Tod, der bei entsprechender Diagnose vermeidbar gewesen wäre, frei nach Thornton Wilder: "Sein Leben führte auf diesen Tod hin". Mit weiser Distanz schildert sie die Mühen der Nachkriegszeit, ihre Zeit an der Tuberkulosenfürsorgestelle, "die einzige Zeit, wo ich einen phantastischen Chef hatte, einen versponnenen Kommunisten: anständig und intelligent."

Ella Lingens war in der Folge Jahrzehnte im öffentlichen Dienst tätig, unter anderem im Sozialministerium für Anträge auf Opferfürsorge zuständig und arbeitete zuletzt als Ministerialrätin im Gesundheitsministerium. Lange Zeit konnte sie das Funktionieren ehemaliger SS-Netzwerke im medizinischen Bereich beobachten und versuchte, Einspruch anzumelden, wo sie konnte. Einen Fall Gross wußte sie im Wilhelminenspital zu verhindern, wo ein schlechter Arzt als ehemaliger SS-Offizier, der sich in den letzten Kriegstagen mit den Sozialisten gutgestellt hatte, zum Primar bestellt werden hätte sollen. Unbequem war Ella Lingens ihr ganzes Leben lang; ob sie an Gesetzesvorlagen mitarbeitete, deren Scheitern sie mitansehen mußte, oder als österreichische Deligierte Anfang der 60er Jahre in der "United Nations Commission for the Status of Women", wo sie eine Resolution zum Zusammenhang von Bildungsstand und Geburtenkontrolle unterschrieb. Über ihre Zeit in Auschwitz hat Ella Lingens ein Buch geschrieben, "Inprisoners of Fear", das bisher nur in englischer Sprache erschienen ist. C. B.

HANNA FRUTIGER

Außen: Ein schöner Nachmittag im Juli. Vor dem Interview setze ich mich noch ein wenig in den Vorgarten des Museums für Moderne Kunst und höre, um mich zu entspannen, Musik über meinen Discman. Dann ist es Zeit, ich mache mich auf, um Hanna Frutiger zu treffen, und stehe überraschend schnell davor - vor dem Frauenwohnheim der Heilsarmee, dessen Leiterin sie ist. – Innen: Hanna Frutiger öffnet mir die Tür zu ihrem Büro. Ich sehe eine große, schlanke Frau, mit bemerkenswert gerader und zugleich bescheidener Haltung trägt sie ihre Uniform. Der Raum ist mit Holz ausgetäfelt und überall finde ich Souvenirs, kleine Geschenke von ehemaligen Bewohnerinnen. Durch die Fenster sieht man auf die Strudelhofstiege und auf den nicht zu großen Garten, der zum Haus gehört. "Das ist auch meine Pflege", sagt sie später: auch der Garten gedeiht.

Hanna Frutiger ist Schweizerin, sie kommt ursprünglich aus dem Berner Oberland. Dort ist sie aufgewachsen, mit drei Geschwistern und den Eltern, die selbst Mitglieder der Heilsarmee waren. Die Organisation und ihre Aktivitäten sind ihr also seit frühester Kindheit eine Selbstverständlichkeit. Aber natürlich: "Um in der Heilsarmee zu arbeiten – vollamtlich – da braucht's schon eine Berufung." Und diese Berufung hat sie früh, mit Anfang zwanzig verspürt. Nach einer Hauswirtschafts- und Schwesternhilfeausbildung begann sie zunächst in einem Spital zu arbeiten, bevor sie sich für die Heilsarmee entschied: Hanna Frutiger suchte nach einer Aufgabe in einer sozialen Institution, sie wollte in einem umfassenderen Sinn für Menschen da sein, "Menschen auf der Schattenseite, denen es nicht so gut geht". Nach einer einjährigen Ausbildung für die vollamtliche Tätigkeit in der Heilsarmee (heute dauert diese Ausbildung bereits zwei Jahre), arbeitete sie zunächst in Kinder-, Alters- und anderen Frauenheimen in der Schweiz. Im Februar 1984, also bereits vor fünfzehn Jahren, wurde sie dann nach Wien geschickt, 1985 wurde sie mit der Leitung des Frauenwohnheims betraut. Als sie damals gefragt wurde, ob sie nach Wien gehen wolle, sei sie sofort begeistert gewesen, denn schon während ihres ersten kurzen Aufenthalts 1969 sei sie sehr gerne hier gewesen. Sie sagt: "Ich fühle mich einfach wohl hier, ich fühle mich wohl vor allem in meiner Arbeit ... ich bin einfach an meinem Platz."

Wohl fühlen sich auch die Heimbewohnerinnen – zweifellos vor allem jene, die über viele Jahre und sogar Jahrzehnte hier leben. Hanna Frutiger und ihre drei Mitarbeiterinnen – ihre "rechte Hand" ist wie sie selbst Schweizerin, die beiden anderen kommen aus dem ehemaligen Jugoslawien – sehen ihre Aufgabe darin, die Frauen zu motivieren - vor allem zur Selbständigkeit; und sie zu unterstützen, auch in ganz praktischen Belangen, wie etwa bei der Arbeitssuche, bei Amtswegen oder auch bei Arztbesuchen. Für viele Frauen ist das Wohnheim der Heilsarmee eine "Zufluchtsstätte" geworden: sie kommen aus unterschiedlichen Gründen, oft jedoch nach Scheidungen und daraus folgenden Delogierungen oder vor Beziehungskrisen flüchtend – und manche von ihnen kommen zwei- oder dreimal zurück. Hier wohnen sie in Drei- oder Vierbettzimmern, Einzelzimmer gibt es nur eine Hand voll und die sind natürlich zumeist belegt. Wenn sie Kinder haben, dann sind diese Kinder erwachsen oder wurden in Pflege gegeben. Fast alle der knapp über vierzig Frauen, die das Heim derzeit beherbergt, arbeiten: im Gastgewerbe, als Reinigungsfrauen ... - "ist alles nicht so einfach", seufzt Hanna Frutiger. Ausländerinnen wohnen zur Zeit kaum hier, nur einige wenige aus Ex-Jugoslawien, die aber bereits seit vielen Jahren in Österreich leben, ja zum Teil schon hier geboren sind. Vor fünf oder sechs Jahren, da wäre der Anteil an Ausländerinnen – vor allem aus den ehemaligen Ostblock-Staaten – relativ hoch gewesen, Asylsuchende, die die Caritas an sie verwiesen hätte. Aber die Organisation und Struktur der Hilfe hat sich geändert. Und auch die Zeiten haben sich geändert ...

"Man erlebt trotzdem auch viele schöne Sachen", weiß Hanna Frutiger zu berichten und erzählt mir die Geschichte einer jungen Bosnierin: Sie wohnte gemeinsam mit ihrer Mutter in Wien. Aber dann mußte die Mutter ins Gefängnis und das Mädchen – noch nicht achtzehn Jahre alt – verwahrloste völlig. Sie wurde auf der Straße gefunden, von dort geholt, sie besaß nichts.

Leider sei sie in Schubhaft genommen worden, weil sie keine Aufenthaltsgenehmigung gehabt hätte: "Es war alles eigentlich sehr ... sehr tragisch, aber wir haben ihr dann doch viel helfen können." Schließlich absolvierte sie ihren Hauptschulabschluß in Wien und entwickelte sich zu einer jungen Frau. Heute ist sie in Kroatien verheiratet und erwartet bereits ihr zweites Kind. Manche ihrer Schützlinge, so Hanna Frutiger, müßten eben ganz intensiv betreut werden, um ihren Weg zu finden. Den Weg hinaus.

Hanna Frutiger macht Urlaub in der Schweiz, bei ihren Geschwistern und deren Familien. "Die Natur liebe ich sehr", sagt sie, sie geht gerne wandern. Aber sie spielt auch Gitarre und singt und liest und in ihrer Freizeit, die sie auch hat – "Ja ja, das ist alles geregelt!" – geht sie schwimmen. Oberlaa ist demgemäß einer ihrer Lieblingsorte in Wien, nicht zuletzt wegen des Parks. Wenn sie in Wien ausgeht, dann zumeist mit Kollegen und Kolleginnen von der Heilsarmee, zum Beispiel mit jenen, die im Männerwohnheim tätig sind. Hanna Frutiger ist offiziell Majorin der Heilsarmee – und hat damit einen für "Normalbürger" sehr hohen Rang erreicht, wie sie selbst sagt.

Einmal jährlich reist sie zu einem großen Treffen aller Mitarbeiter und Mitarbeiterinnen in die Schweiz, denn die Länderorganisationen von Österreich und Ungarn werden gemeinsam mit der Schweiz verwaltet – und das ist keineswegs Willkür oder Zufall: Die österreichische Heilsarmee, die immerhin schon vor dem 2. Weltkrieg gegründet wurde, ist nämlich finanziell von der schweizer abhängig. So ist auch das seit nunmehr fünfzig Jahren bestehende Frauenwohnheim in Wien – wenngleich die Bewohnerinnen selbst einen Wohnungskostenbeitrag leisten müssen - auf die Zuschüsse aus der Schweiz und zum Teil auch aus dem Londoner Hauptquartier angewiesen. Spenden und Mitarbeiter kommen nur wenige aus Österreich. S. SZ.

HILDEGARDE WAISSENBERGER

"Immer wenn ich vom Urlaub zurückkomme", sagt Hildegarde Waissenberger, "muß ich in den 1. Bezirk über den Stephansplatz und die Kärntner Straße, dann weiß ich, ich bin zu Hause". Sie identifiziert sich "unbedingt" mit Wien und kann sich, wie sie mir versichert, nicht vorstellen, in einer anderen Stadt zu sein. Das Leben der Hildegarde Waissenberger hat wohl zwei, miteinander aufs engste verknüpfte Zentren: die Stadt Wien, für die sie seit 1945 arbeitet, und ihr Interesse für Kunst und Kultur. So waren auch alle Reisen, die sie – vor allem in Europa - unternommen hat, immer von ihrem kulturellen Interesse geleitet, die Urlaube verbrachte sie gemeinsam mit ihrem Mann in Frankreich oder Italien oder Rußland oder Deutschland - um nur eine Auswahl zu nennen ...

Geboren wurde Hildegarde Waissenberger im 21. Bezirk; dort hat sie übrigens immer, ihr ganzes Leben lang gewohnt, bis zum heutigen Tag; aber das sei doch eher ein Zufall. Sie hatte keine Geschwister und war Halbwaise. Wie ihre Mutter arbeitete auch sie hart: aufgrund der guten Noten erhielt sie ein Stipendium, das ihr den Besuch der Handelsakademie in der Schönborngasse überhaupt erst ermöglichte. Wahrscheinlich waren es die Freundinnen und Kolleginnen in der Schule, die sie in ihre Begeisterung für Theater und Musik verwickelten, allemal das Interesse weckten: man ging sehr eifrig - selbstverständlich konnte sich niemand etwas anderes als einen Stehplatz leisten - in das Burgtheater und in den Musikverein, man diskutierte sehr heftig über das Gesehene und Erlebte. 1944 maturierte Hildegarde Waissenberger, anschließend wurde sie sofort zum Arbeitsdienst eingezogen, am 30. April 1945 war der Spuk endlich vorbei. Sie inskribierte Staatswissenschaften der Universität Wien, beendete das Studium aber nie.

Bereits im Mai 1945 begann sie für die Stadt Wien zu arbeiten, anfangs in der Ortvorstehung Stammersdorf. Dort fühlte sie sich aber nicht besonders gefordert, sie bat um ihre Versetzung. Und tatsächlich: im Kulturamt, der damaligen Magistratsabteilung 8, war ein Posten frei: "und das war mein großes Glück". Sie sollte zunächst nur als Urlaubsvertretung der Sekretärin des damaligen Kulturstadtrates, Viktor

Matejka, einspringen: schließlich blieb sie über zwei Jahre. "Es war eine hochinteressante Zeit ... es war – würde ich sagen – überhaupt die interessanteste meines Lebens", urteilt sie rückblickend. Hier hat sie nicht nur zentrale und berühmte Persönlichkeiten kennengelernt – "vom Furtwängler über die Alma Mahler-Werfel"; die Zusammenarbeit mit Viktor Matejka war wohl auch eine große Bereicherung für seine erst neunzehnjährige Sekretärin. Sie saßen in einem Zimmer, Tisch an Tisch, Hildegarde Waissenberger war mitten im Geschehen. Viktor Matejka sei einer der wertvollsten Menschen gewesen, die sie je in ihrem Leben kennengelernt habe, er habe immer nur im Sinne der Kultur dieser Stadt gearbeitet und seine eigene Person hintangestellt. Er war ein Motor, konnte viel für Wien in Gang setzen. Daß er einem Menschen durch seinen persönlichen Einsatz das Leben gerettet habe: "das weiß ich hundertprozentig".

1949 schied Viktor Matejka aus dem Gemeinderat aus, Hildegarde Waissenberger kam nun in die Magistratsabteilung 7 und erhielt dort ein Referat, in dem sie für Förderungen und Beihilfen für Künstler ebenso verantwortlich war, wie etwa auch für Ehrengräber. 1963 wurde ein Posten bei den Wiener Festwochen frei und Hildegarde Waissenberger, die eben geheiratet hatte – ihr Mann war ebenfalls im Kulturamt der Stadt Wien tätig, wodurch eine Situation entstanden war, die geklärt werden mußte – wurde gebeten, auf diesen überzuwechseln. Sie begann, wie sie selbst sagt, "als Mädchen für alles", um schon ein halbes Jahr später neue Finanzreferentin der Festwochen zu werden. 1964 wurde der bisherige Intendant der Wiener Festwochen, Egon Hilbert, von Ulrich Baumgartner abgelöst, mit dem sie insgesamt vierzehn Jahre und "wirklich gern" zusammenarbeitete. Baumgartner machte die Festwochen populär; er sei nicht nur kompetent gewesen, sondern habe auch über Menschenkenntnis verfügt und es sei ihm stets gelungen, interessante Programme zu gestalten und hervorragende Mitarbeiter zu engagieren. 1979 holte sie der neue Kulturstadtrat Helmut Zilk, dem sie viel Ähnlichkeit mit Viktor Matejka attestiert, als Büroleiterin zu sich. Als plötzlich Gerhard Freund, Ulrich Baumgartners Nachfolger starb, ging sie schließlich zu den Festwochen zurück. Hildegard Waissenberger wurde Generalsekretärin der Wiener Festwochen – und damit die erste weibliche Generalsekretärin eines österreichischen Festivals, eine Funktion, die sie bis 1993

HERMINE JURSA

Wenn man der zierlichen Hermine Jursa heute begegnet, lassen ihre regen Augen trotz des hohen Alters etwas von dem unglaublichen Engagement erahnen, mit dem sie durch und wider die NS-Herrschaft gegangen ist. Sie war erst Mitte Zwanzig gewesen, als man sie wegen ihrer politischer Aktivitäten verhaftete. Zivilcourage hatte sie schon in den Jahren davor bewiesen. Noch vor der NS-Zeit hatte sie sich in einer Jugendguppe des KJV illegal gegen das austrofaschistische Regime eingesetzt und war so in die konspirative Aufklärungsarbeit hineingewachsen. Und schon einem ihrer ersten Arbeitgeber, der sie nach einem Unfall in einer Großwäscherei entließ und nicht hinreichend abfertigen wollte, war sie trotz wirtschaftlicher Krise selbstbewußt entgegengetreten.

Doch als sie im August 1939 erstmals die Treppen eines Wiener Gefängnisses hochging, kamen Hermine Jursa die Tränen. Sechs Jahre lang - bis zum Kriegsende - brachte sie daraufhin in Haft und im Konzentrationslager zu. Bereits in der Roßauerkaserne wurde sie wieder tätig, schmuggelte Kassiber, sogenannte "G'sieberl", mit Hilfe ihrer Ziehschwester hinaus und sorgte für Kommunikation unter den Häftlingen. In Ravensbrück, wo sie mit Rosa Jochmann und einer Reihe anderer internationaler und Wiener Widerständlerinnen zusammmenarbeitete, baute sie ein gut funktionierendes Netz auf, mit dem es insbesondere ab 1944 gelang, das Leben von Häftlingen zu retten, die zum Tode verurteilt oder aufgrund von Krankheit und Schwäche unmittelbar vom Tod bedroht waren. Hermine Jursa arbeitete im Lager unter anderem in der Effektenkammer und hatte zahlreiche Handwerksarbeiten zu verrichten. So schmuggelte sie in ihrer Werkzeugskiste Essen, Botschaften, Medikamente und Kleider. Sie kämpfte gemeinsam mit Gleichgesinnten für einzelne Menschenleben. Besonders gegen Kriegsende hin, als die SS die Übersicht über das

Lager verloren hatte, gelang es ihrer Widerstandsgruppe, heimlich den unmittelbar Lebensbedrohten die Winkel von soeben Verstorbenen zu übertragen und die Gesuchten in anderen Blocks "verschwinden" zu lassen. Hermine Jursa kämpfte aber auch für Menschlichkeit im Lager, organisierte illegal Konzerte, kulturelle Zusammenkünfte und eine Kinderweihnacht, die gerade auch Frauen wieder Hoffnung gab.

Daß heute eine Reihe junger Frauen sich für ihr Schicksal interessiert und über ihre damalige Tätigkeit geschrieben wird, scheint für Hermine Jursa sehr wichtig: "Besonders von Frauen glaubt man nicht, daß sie solche Tätigkeiten machen können - bei Männern setzt man das eher voraus." Die Zusammenarbeit mit jungen Wissenschafterinnen führte sie in ihre schmerzliche Vergangenheit zurück, um die sich Jahrzehnte lang kaum jemand gekümmert und über die sich auch in ihr ein Schweigen gebreitet hatte: "Wir hätten nie darüber gesprochen, wenn uns das nicht herausgezogen worden wäre", sagt sie über die letzten Jahre des öffentlichen Erinnerns. Über ihren sechswöchigen Fußmarsch von Ravensbrück heim nach Wien, den sie gemeinsam mit der vielsprachigen Mali Fritz zwischen den Fronten zurückgelegt hatte, hat sie mit ihrer Freundin ein Buch verfaßt.

Die Bande mit den politischen Genossinnen, die ihr im Lager zu Schwestern geworden waren und ihr über so manche Verletzung hinweghalfen, begleiten noch heute ihr Leben. In ihrem Wohnzimmer throhnt ein Stoffkasperl, den ihr eine dieser Freundinnen genäht hat. Seit der Gründung der Lagergemeinschaft Ravensbrück fährt sie alle fünf Jahre zu einer Gedenkveranstaltung. Sie hat 1947 die erste Ausstellung über Österreicher in Ravensbrück organisiert und trat damals auch in einer Wiener Lehrlingsbildungsansalt gemeinsam mit anderen ehemaligen KZ-Insassen auf. Dort schlug ihr damals jedoch wie in anderen Schulen das Unverständnis der Kinder von Nazis entgegen, die bisweilen sogar die Verbrechen des Nationalsozialismus leugneten.

Selbst in der Straßenbahn, als sie einem anderen Fahrgast einmal auf die Frage antwortete, was sie während des Krieges gemacht hätte und daraufhin als Verbrecherin beschimpft wurde, nahm der Schaffner nicht etwa Partei für sie, sondern drohte, sie hinauszuschmeißen, wenn sie nicht aufhörte, zu reden. Es hat Jahrzehnte und Generationen gebraucht, bis sich dieser Ton grundlegend änderte. Nicht nur aufgrund der traumatischen Erfahrungen im Lager selbst oder wegen der Form der konspirativen Arbeit sagt sie heute noch, "das Schweigen liegt irgendwie in uns".

Jahre später befand eine der von ihr Geretteten über ihren Einsatz im Konzentrationslager: "Du bist sechs Jahre gesessen und hast dann noch wegen uns Dein Leben auf's Spiel gesetzt, das ist unvorstellbar." Hermine Jursa jedoch macht wenig Aufhebens um ihre Taten; noch heute gedenkt sie vor allem derer, die die Verfolgung nicht überlebten: Mit eindrücklicher Demut erwähnt sie das Glück, das sie hatte, noch in Friedenszeiten verhaftet und deshalb nicht zum Tode verurteilt worden zu sein, wie später ihre Freundin Grete Jost, die sie in den Widerstand eingeführt hatte. Am Ende unseres Gesprächs, als das Mikrophon abgeschaltet ist, bittet mich Hermine Jursa eindringlich, noch etwas Wichtiges anzuhören: Sie liest und listet die Namen derer auf, denen sie, noch nicht hinreichend organisiert, nicht helfen konnte: Darunter Käthe Leichter, die in einen Todestransport nach Auschwitz kam, sowie eine Nichte des Kaufhausbesitzers Gerngross, die sie auf dem Weg in den Tod noch gebeten hatte, ihre Verwandten zu grüssen. "Ich kann alles mögliche vergessen", sagt sie über ihre unsagbaren Erfahrungen im KZ, "aber das ist in mich eingeschrieben". C. B.

ETEL KEMÉNY

Etel Kemény, Jahrgang 1919, lebt seit über vierzig Jahren in Südafrika – eine Tatsache, die ihr inzwischen zuweilen etwas gebrochenes, vielleicht aber gerade deshalb so charmantes Deutsch hinreichend erklärt. Auf ihr Leben zurückblickend sagt sie gegen Ende unseres Gesprächs: "Ich muß sagen: Ich bin sehr glücklich. Und ich hoffe, daß anderen auch so glücklich ist ... es hat sich so gut gereimt immer alles!" – Und sie lächelt wie ein Mädchen. Wir sitzen in ihrer Wohnung unweit der Salztorbrücke an einem großen Tisch, auf dem schon zahlreiche Fotografien, Fach- und andere Zeitschriften sowie Kopien einzelner Artikel auf mich gewartet haben. Dann möchte sie mir ein Bild ihrer Eltern zeigen und wir gehen in ein Nebenzimmer: das Klavier und alle Möbel sind – wie man es aus Filmen kennt – mit weißen Tüchern bedeckt, ein offener Koffer liegt am Bett. Ein Mal im Jahr kommt Etel Kemény für ein paar Wochen während des Sommers nach Wien zurück, um Freunde und Bekannte zu besuchen; der heurige Besuch ist eigentlich schon wieder zu Ende, wenige Tage nach unserem Treffen wird sie wieder in Pretoria sein.

1937 maturierte Etel Kemény mit Auszeichnung am Mädchenrealgymnasium des Vereines für erweiterte Frauenbildung im 6. Bezirk in der Rahlgasse. "Und gleich habe ich gewußt, ich werde Physik und Mathematik studieren." Denn sie hat immer gern gerechnet und auch Fächer wie Darstellende Geometrie hat sie geliebt. Die Direktorin der Schule - eine etwas altmodisch wirkende Person, der jedoch sehr viel am guten Ruf und am Niveau der Schule gelegen sei - unterstützte ihre Pläne, und auch die Eltern waren interessiert und begeistert. Schließlich war Etel Keménys Vater Kaufmann und wußte wohl, daß sich die Rechenleidenschaft seiner Tochter dereinst bezahlt machen würde. Er kam ursprünglich aus Budapest und ließ sich seiner Frau zuliebe - die er, der verwundete Soldat, 1916 in einem Spital als Krankenschwester kennengelernt hatte – in Wien nieder. In nur vier Jahren studierte Etel Kemény an der Universität Wien Physik, Darstellende Geometrie und Mathematik sowie ein wenig Astronomie. 1941 dissertierte sie über "Uran- und Radiumgehalt von Steinsalz und Sylvin", die Betreuerin ihrer Arbeit war Berta Karlik, die ab 1945 das Institut für Radiumforschung leiten sollte. Bis zu

Kriegsende arbeitete Etel Kemény als wissenschaftliche Assistentin an der Technischen Universität, hauptsächlich an einem Forschungsprojekt über Röntgenstrahlung. "Ich bin gern zur Arbeit gegangen", erzählt sie, aber einzelne Professoren hätten beinahe rund um die Uhr gearbeitet und da hätte sie – jedoch ohne jede Euphorie - mithalten müssen. 1945 war es dann – zumindest für einige Zeit - schlagartig vorbei mit der Forschung: im Auftrag der sowjetischen Besatzungsmacht wurde fast das gesamte Labor abgetragen und anderweitig eingesetzt.

Somit war Etel Kemény 1945 vorübergehend arbeitslos (– wie übrigens auch einige andere ihrer früheren Kolleginnen des Radiuminstituts: Anna Saulich etwa fand keine angemessene Stellung mehr und mußte in einem Süßwarengeschäft als Verkäuferin arbeiten, Johanna Ellis-Lauda unterrichtete Physik am Gymnasium in der Rahlgasse und Anna Eschner wurde bei den Elektrizitätswerken für einige Zeit zum "Mädchen für alles" degradiert, weil Posten für Kriegsheimkehrer frei gemacht werden mußten!). "Mit Physik hat man fast nichts machen können ...", erinnert sie sich, als Lehrerin wollte sie allemal nicht arbeiten. Schließlich kam sie in der Rechenabteilung des Unterrichtsministeriums unter, von wo sie schon nach kurzer Zeit – 1947 – in die Kunstsektion versetzt wurde. Dort war sie ebenfalls mit Rechnen beschäftigt, diesmal ging es um Förderungsansuchen von Künstlern und Künstlerinnen. Zufällig traf sie dann auch auf den offiziellen österreichischen Repräsentanten in Südafrika – er hatte sich an die Filmabteilung im Unterrichtsministerium gewandt, denn er wollte zwecks Ankurbelung des Fremdenverkehrs österreichische Filme in Südafrika präsentieren. "Und ich hab mir gedacht: es ist ganz nett, da einmal weg zu fahren." Nachdem der österreichische Konsul sie auch brieflich eingeladen hatte und ihr bereits einen Job vermitteln hatte können, ließ sich Etel Kemény im Unterrichtsministerium karenzieren und schiffte sich an einem Novembertag 1954 in Venedig ein.

In Südafrika, das sich in einer Aufbau- und Industrialisierungsphase befand, arbeitete sie zunächst für eine Firma, die Chemikalien – hauptsächlich zur Insektenvertilgung – importierte. Nach etwa einem Jahr wechselte sie in das

National Physical Laboratory des South African Counsel for Scientific and Industrial Research – kurz: CSIR – über, wo sie bis zu ihrer Pensionierung an verschiedensten Projekten zum damals - Mitte bzw. Ende der fünfziger Jahre – noch völlig neuen Problem der Luftreinhaltung forschen sollte. Eines der Hauptthemen vor allem zu Beginn der Forschungsarbeit war die Entwicklung neuer Meßtechniken. Die Belegschaft im CSIR war international: Engländer und Franzosen waren hier ebenso beschäftigt, wie etwa auch Deutsche, Etel Kemény fühlte sich daher nie fremd. In ihrer Freizeit spielte sie Tennis, traf sich mit Freunden und kümmerte sich um ihre "Wahlkinder". Geheiratet hat sie nie, die Arbeit und ihre Freiheit waren ihr sehr wichtig. Die politische Entwicklung Südafrikas scheint sie als privilegierte Weiße und Ausländerin nur am Rande mitbekommen zu haben, persönlich betroffen oder in Ereignisse verwickelt war sie nie; die neue Stellung der schwarzen Mehrheit im Land sieht und erlebt sie positiv.

Etel Kemény lebt seit über vierzig Jahren in Südafrika, aber sie ist immer noch österreichische Staatsbürgerin und hat immer noch diese Wohnung, die schon die Wohnung ihrer Eltern war. Zuerst wurde daran gedacht, sie einmal an eventuelle Kinder ihres um zwei Jahre jüngeren Bruders – er studierte Jus und arbeitete im Justizministerium – weiterzugeben; heute behält sie die Wohnung für den Fall, daß sie doch noch einmal zurückkommen und hier bleiben möchte: "Na ja, das ist mein Heim ...", sagt sie. Dennoch dauerte es damals mehr als zehn Jahre ehe sie erstmals nach Wien zurückkehrte: 1966 war sie im Auftrag des CSIR zu Forschungszwecken nach Deutschland gereist und nutzte die Gelegenheit, Wien wieder zu sehen. Etel Kemény erzählt mir aber auch von der schönen Stimme ihres Vaters – er war Tenor im Wiener Männergesangsverein – und von dem Haus, das sie sich Mitte der siebziger Jahre in Pretoria bauen ließ, von ihrem Auto. In Wien hätte sie komischerweise nie den Wunsch gehabt mit dem Auto zu fahren, das wäre ihr immer zu gefährlich gewesen. Sie sagt: sie fliegt auch heute noch sehr gerne mit dem Flugzeug zwischen Südafrika und Österreich hin und her. Etel Kemény war immer schon sehr mobil ... S. SZ.

INSTITUT FÜR
RADIUMFORSCHUNG
UND
KERNPHYSIK
DER
UNIVERSITÄT WIEN

ILSE M. ASCHNER

Auf die Frage, an welchem für sie bedeutenden Ort wir uns treffen könnten, schlägt Ilse M. Aschner den vierten Bezirk vor. Sie möchte einen Abstecher in die Seisgasse machen, in das Zinshaus, in dem sie aufgewachsen ist. Ihre Familie war 1939 aus der dortigen Mietwohnung von den Nazis vertrieben worden. Die weiteren Verfolgungen überlebten die Eltern nicht. Ilse Römer (so ihr Mädchenname) und ihrem Bruder gelangen Flucht und Emigration. Als die Vertriebene bald nach Kriegsende aus England zurückkam, forderte sie die Wohnung vergeblich zurück. Am Wohnungsamt faßte man die von ihr erhobenen Ansprüche als "komische Vorstellung" auf. Auch der Brief eines russischen Kommandanten half nichts, der ersuchte, daß man den Nazi aus der arisierten Wohnung weisen sollte. Der zuständige Wohnungsbeamte befand, daß man erst eine "standesgemäße" Wohnung für den nunmehrigen Mieter finden müßte, und kümmerte sich nicht weiter um die Wohnungsnot der Vertriebenen. Ilse M. Aschner irrte als Unwillkommene wochenlang in ihrer Heimatstadt herum und wich schließlich nach Salzburg aus, wo ihr im Haus eines anderen Nazi, trotz dessen Protestes beim Wohnungsamt, ein 9-m^2-Zimmer zugewiesen wurde. Auch Anfang der 60er Jahre, als sie nach einem mehrjährigen Aufenthalt in Prag mit ihrem Mann wieder nach Wien zurückkam, wurden ihr hier weder Hilfe noch Unterstützung bei der Wohnungssuche zuteil. Der Ariseur saß immer noch in der elterlichen Wohnung, man befand, er sei Hauptmieter. Noch Jahrzehnte später war dasselbe Namensschild nach wie vor an der Tür zu lesen.

Ilse Aschner fand nie wieder das herzliche Verhältnis zur Stadt, das sie vor der Emigration gehabt hatte. Viele Menschen ihrer Generation begriffen auch im nachhinein nicht, ignorierten das Geschehene, bezeichneten ihre Flucht als Davonlaufen. Mit ihrem inzwischen verstorbenen Mann teilte sie das Schicksal der Emigration und die Liebe zur Kultur und zu Büchern. Lieber als mit denen, deren große Zeit womöglich die NS-Zeit war, umgibt sie sich heute mit Leuten jüngerer Generationen. Seit Mitte der 80er-Jahre geht sie häufig in Schulen, um als Zeitzeugin zu sprechen. Sie hat denn auch viel zu erzählen: Emigrieren konnte sie als evangelisch Getaufte durch eine Hilfsorganisation amerikanischer Quäker, die sich für "nichtjüdische Juden" einsetzte und ihr einen Posten als Erzieherin in einem englischen Pfarrhaus vermittelten. Sie hatte keinerlei Englischkenntnisse, denn sie war in Wien wie ihr Bruder in ein humanistisches Gymnasium gegangen. Als sie nun zu einer jungen anglikanischen Familie nach Yorkshire kam, wo sie sich um einen vierjährigen Buben und einen Säugling zu kümmern hatte, brachte ihr der kleine spielbegierige Junge binnen eines Monats das Sprechen in englischer Sprache bei. Die hochgebildete Pfarrersfrau hatte es sich ihrerseits zur Aufgabe gemacht, der jungen Emigrantin in diesen Jahren die englische Kultur und Geschichte näherzubringen. Den Kontakt zur Pfarrerstochter, die ihr wie ein eigenes Kind war, hält sie bis heute. Ihre Bildungsarbeit setzte sich in Manchester fort, wo sie mit ihrem Bruder und anderen Emigranten im Young Austria, einer österreichischen Jugendorganisation, Schulungsprogramme absolvierte, die den jungen Vertriebenen Kultur und Geschichte ihres eigenen Landes zu vermitteln suchten. Man nährte den Gedanken, nach Österreich zu gehören und dort nach Kriegsende am Aufbau der Demokratie zu arbeiten: "Wir dachten, man würde auf Leute wie uns warten, die wir so demokratisch geschult waren in England - das war die Illusion."

Das Gefühl der Unzugehörigkeit setzte sich lange nach der Rückkehr fort. Einige Jahre verbrachte Ilse Aschner in Prag, wo ihr Mann Korrespondent der Volksstimme war. Wieder erging es ihr wie in England - sie war mit einem Kind konfrontiert, dessen Sprache sie nicht verstand: Ihr eigener Sohn, damals zwei Jahre alt, weigerte sich, zuhause deutsch zu sprechen. Ihre damals 12jährige Tochter mußte als

Übersetzerin einspringen. Als sie 1962 wieder nach Wien kamen, wurde ihr Sohn als fremdsprachig eingestuft. Sie arbeitete einige Jahre bei der "Stimme der Frau", bis zu ihrem Parteiaustritt 1969. Ihr Mann fand zu diesem Zeitpunkt eine Anstellung als Lektor beim Europaverlag, doch für Ilse M. Aschner wurde es schwer, etwas Passendes zu finden. Zwar waren ihre Englischkenntnisse gefragt, doch wurde ihre politische Vergangenheit bei amerikanischen Firmen zum Stolperstein. Schließlich fand sie bei Günther Nenning, der damals Präsident der Journalistengewerkschaft war, Aufnahme. In den 70er Jahren bot dieser ihr die Mitarbeit an der linksintellektuellen Zeitschrift "Neues Forum" und am eher kurzlebigen Projekt "Dialogue" an, einer Zeitschrift, die auch in englischer Ausgabe erschien und einen Dialog zwischen Christen und Sozialisten anstrebte. Ihr gefiel, daß sie dadurch viele junge Leute kennenlernte, die frei von NS-Einflüssen waren, und daß sie sich weiter mit Kultur befassen konnte. Just als sie in Pension gehen wollte, wurde sie von der Grazer Autorenversammlung eingeladen, das Wiener Sekretariat zu betreuen. Sie blieb dort zehn Jahre lang ehrenamtlich tätig, und das mit großem Vergnügen.

Nun ist sie seit weiteren zehn Jahren im sogenannten Ruhestand, doch ihr Leben ist nach wie vor ausgefüllt: Als Angehörige des Ersten Wiener Lesetheaters, das mittlerweile 2600 Mitglieder zählt, ist sie ständig beschäftigt. Gemeinsam mit Rolf Schwendter und Jörg Liebscher leitet sie als mit Abstand Älteste das Lesetheater. Sie probt vorwiegend mit jungen Menschen, die dann an verschiedenen Orten vor einem Publikum lesen: ob im Literaturhaus, in Kleintheatern oder im Kaffeehaus. Ilse M. Aschner führt inzwischen mit Vorliebe Regie. Probeort ist ihre eigene kleine Gemeindebauwohnung in Penzing. Beim Lesen und Plaudern in liebenswerter Gesellschaft pflegt sie sich über Wien hinwegzutrösten.

C. B.

HEDWIG HOLLITSCHER

Heute ist Hedwig Hollitscher auf der Wieden zu Hause. Hier bewohnt sie mit ihrer Familie seit nunmehr zweiundfünfzig Jahren eine große Wohnung: es war eine ehemals arisierte Wohnung, die ursprünglich von den sowjetischen Besatzern ihrem Schwager zugesprochen wurde und in die sie 1947 mit ihrer dreizehn Monate alten Tochter und ihrem Mann, eben aus der Londoner Emigration zurückgekehrt, einzog. Der 2. Bezirk dagegen, wo sie geboren und aufgewachsen ist, ist ihr fremd geworden: "Ich geh nie in die Leopoldstadt ...", sagt Hedwig Hollitscher zu mir, "... eigentlich ... ich hab dort nichts verloren."

Als Hedwig Hollitscher am 13. März 1938 in den Dienst nach Floridsdorf fährt, sind die Straßenbahnen schon mit Hakenkreuzfahnen geschmückt. Sie ist Kindergärtnerin und arbeitet bereits seit zehn Jahren bei der Gemeinde Wien. Während ihre Kolleginnen den Anschluß Österreichs an das Deutsche Reich feiern, muß sie mit siebzig Kindern in einem großen Saal spielen. Sie hat Angst und wendet sich an ihre Dienststelle im Rathaus; dort empfiehlt man ihr, den noch nicht konsumierten Urlaub anzutreten. Der Briefträger bringt jeden Monat die ihr nach zehn Dienstjahren zustehende Pension. Nach der Reichskristallnacht müssen Hedwig Hollitscher, ihr erster Mann und ihre Eltern die Wohnung in der Pfarrgasse im 2. Bezirk räumen; man flüchtet sich in das verwaiste Haus des bereits ausgereisten tschechischen Onkels nach Währing. Die Frau ihres älteren Bruders bekommt als erste eine Einreisegenehmigung nach England, die Brüder können bald nachfolgen. Sie selbst und ihr Mann müssen in Wien noch auf ihre permits warten. Aber die Zeit drängt: Sie unternehmen den Versuch, das Land illegal zu verlassen, Köln und Lüttich sind die ersten Stationen, dann werden sie von der belgischen Polizei aufgegriffen, eine Woche inhaftiert, schließlich nach Aachen gebracht und der SA übergeben, um von dort nach Wien zurückgeschickt zu werden: "... mit der Bemerkung, wir sollen allen in Wien sagen, daß wir der letzte Transport sind, der nicht nach Dachau abgeschoben wird." Im April 1939 ist es endlich so weit, zunächst kann ihr Mann, später Hedwig Hollitscher selbst ausreisen. "Meine Mutter hat immer gesagt: die zehn kleinen Negerlein. Wir sind immer weniger geworden." Für die Eltern kann – aufgrund des Alters und der unzureichenden finanziellen Mittel der Familie - kein permit erwirkt werden. "Und meine Mutter hatte das "Glück" im vierziger Jahr zu sterben, sodaß ihr sehr viel erspart geblieben ist." Der siebzigjährige Vater wird von Währing wieder zurück in die Leopoldstadt und von dort schließlich in die Gaskammer nach Polen deportiert. In einem letzten Brief an seine Kinder bittet er noch einmal um schnelle Vorbereitung seiner Einreise, er hätte schon alles gepackt: "Wir wußten aber: das geht nicht mehr."

In England bekommt Hedwig Hollitscher zunächst einen Posten als Hausgehilfin, etwas außerhalb Londons. Später stopft sie Strümpfe und wird Bedienerin – es ist eigentlich ein Zufall, daß sie ausschließlich für Psychoanalytiker arbeitet. Einer von ihnen, der um ihre Qualifikationen weiß, vermittelt sie an Anna Freud weiter, die für ihr Kriegskinderheim, die sogenannten Hampstead Nurseries, noch Fachkräfte sucht. Und eine Fachkraft, das ist Hedwig Hollitscher allerdings: Sie ist nicht nur ausgebildete Montessori-Kindergärtnerin, sondern hat auch zwischen 1936 und 1938, also noch in Wien, das Psychoanalytische Seminar für Kindergärtnerinnen besucht, das damals von der Psychoanalytischen Gesellschaft angeboten wurde. Im Kinderheim der Anna Freud ist sie die Kindergärtnerin, die die Kinder täglich von neun Uhr morgens bis vier Uhr nachmittags betreut; sie arbeitet aber auch eng mit den fünf Trainees zusammen, fünfzehn- bis sechzehnjährigen Mädchen, denen je vier bis fünf Kinder zugewiesen sind, für die sie eine Art Mutterrolle wahrnehmen sollen. Anna Freud selbst ist immer und überall präsent, einmal täglich, während der Schlafstunde, bittet sie alle Mitarbeiterinnen zu einem Gespräch, einer Art Seminar. Durch die Bombenangriffe auf London ist die Arbeit in den Nurseries schon 1940 massiv beeinträchtigt, Anna Freud übersiedelt mit den Kindern und wenigen Betreuerinnen Schritt für Schritt aufs Land, wo man bis etwa 1944 Unterschlupf findet.

Später zeigt mir Hedwig Hollitscher Fotografien – von der Enthüllung einer Freud-Gedenktafel am Bellevue im Beisein seiner Tochter Anna, von den Kindern des Kriegskinderheims - und vor allem zwei Briefe, beide sind datiert mit November

1944, die Schrift ist sehr ausgeglichen und schön, die Sätze lesen sich etwas sperrig. Das liege wohl daran, daß Anna Freud nur noch Englisch gesprochen habe. Sie schreibt: "Das ist doch eine große Verschwendung von dem, was Sie können", denn sie hat gehört, daß ihre ehemalige Mitarbeiterin nun "Kriegsarbeit" verrichten muß – so etwa in einer Fabrik, in der Militärzelte genäht werden.

Mittlerweile hat sich das Leben von Hedwig Hollitscher in England sehr verändert: ihr älterer Bruder wandert schon bald mit seiner Familie nach Amerika aus; im Austrian Center, einem politischen Club von rund zweihundert im Londoner Exil lebenden Österreichern, lernt sie ihren zweiten Mann kennen. Nach Kriegsende entschließen sie sich, wieder zurück nach Wien zu gehen. "Beide Brüder waren sehr bös', daß ich da her zurückgekommen bin." 1949, als ihre Tochter drei Jahre alt ist, beginnt sie in Wien wieder zu arbeiten: zunächst betreut sie Betriebskindergärten der USIA, etwa bei Siemens oder in der Glasfabrik in Brunn am Gebirge; nachdem die sowjetischen Besatzungsbehörden abziehen, wechselt sie in einen Privatkindergarten in Hietzing. Ab 1961 arbeitet sie wieder als Leiterin in den Kindergärten der Gemeinde Wien – bis zu ihrer Pension, die sie mit vierundsechzig Jahren antritt. Im selben Jahr wird ihr erster Enkel geboren – vielleicht habe sie deshalb keinen Pensionsschock erlitten ...

Heute ist Hedwig Hollitscher neunzig Jahre alt. Sie hat ein Volkstheater-Abonnement und ein Abonnement für das Englische Theater in Wien. In der Familie sprechen sie immer noch oft Englisch miteinander. Mit ihrem Mann, einem Musikwissenschaftler, besucht sie Ausstellungen. Trotz eines Schambeinbruchs vor wenigen Monaten springt sie bei jeder Gelegenheit auf, um mir stolz die Fotos ihrer beiden begabten Enkel zu zeigen oder mir ein Glas Wasser zu bringen. Auf meine Frage, wie es ihr denn heute in Wien gehe, antwortet sie: "Mir geht's gut. Ich hab's noch nicht eine Minute bereut, daß ich zurückgekommen bin." – Wenngleich ihr die politische Lage natürlich zu denken gebe. Zu Beginn unseres Gesprächs erzählt mir Frau Hollitscher, daß sie schlecht geschlafen habe, "... kann auch sein, daß es ein Traum war. – Aber ich hab' nicht schlecht geträumt ..." S. SZ.

FRANZISKA HOBEGGER

Im Nachkriegswien tat sich ein erfinderischer Frauenclub zusammen, um der Wohnsituation von Alleinstehenden durch Eigeninitiative abzuhelfen. Weil ledigen Frauen oder Witwen damals der Anspruch auf eine eigene Wohnung schlichtweg nicht zuerkannt wurde und das Wohnamt für diese allenfalls Untermietszimmer, sogenannte "Gangkabinette", vermittelte, wurde 1949 die "gemeinnützige Baugenossenschaft berufstätiger Frauen" gegründet. Else Kronstein plante als Vorsitzende den Bau eines Wohnhauses für ebensolche Frauen, als Architektin zeichnete Edith Lassmann. Zwar gab es für den gefundenen Grund in Penzing eine Darlehensbewilligung innerhalb des "Wiederaufbaufonds", doch die Förderungssumme war knapp. Zeitplan und Abrechnung wollten genau eingehalten werden. Aus diesem Grund suchte die Architektin, damals eine der jüngsten und meistbeschäftigten Österreichs, nach einem weiteren kompetenten Genossenschaftsmitglied. Das fand sie schließlich in der Bilanzbuchhalterin und Steuerberaterin Franziska Hobegger, die bereits erfolgreich als Kollegin von Lassmanns Schwiegervater arbeitete. Franziska Hobegger hatte zuvor ihrem jahrelangen Chef gekündigt, weil dieser im Laufe weniger Jahre immer sein Fähnchen nach dem Wind gerichtet und je nach Regime Partei gewechselt hatte. In der neuen Kanzlei war sie glücklich, es fehlte ihr einzig die passende Wohnung. Sie war in Penzing aufgewachsen, liebte den Bezirk und fand als Mittdreißigerin schnell Gefallen an der Idee, mit Gleichgeschlechtlichen in die Hadikgasse zu ziehen. Sie strebte keineswegs nach einem Gatten, der ihre Wohnsituation hätte ändern können, sondern nach Unabhängigkeit: "Ich wollte mir die Welt anschauen, was verdienen und keine Kinder". Ohne lang zu zögern, wurde sie Genossenschaftsmitglied und meldete sich für eine der Wohnungen im "Haus der hundert Jungfern", wie das

Projekt scherzhaft von ihrem Kollegen genannt wurde, an. Bis 1954 arbeitete sie in der Folge für die Genossenschaft als Buchhalterin, saß oft bis ein Uhr nachts über den Bilanzen. Manchmal hatte sie Schwierigkeiten, für diese Tätigkeit auch angemessen bezahlt zu werden, den bürgerlichen Damen, die die Genossenschaft gegründet hatten, leuchtete ihr Arbeitsaufwand nicht immer ein. Heute ist sie in dem Bau, der immer noch einzig von weiblichen Genossenschafsmitgliedern bewohnt wird, eine graue Eminenz. Außer ihr leben in den achtzig Wohneinheiten nur mehr drei weitere Frauen aus der Gründungszeit. Alle anderen sind später dazugestoßen und meist jünger - bis heute ist es kein Problem, Nachwuchs zu finden.

Franziska Hobegger empfängt mich in ihrer penibel aufgeräumten Einzimmer-Wohnung, die Buchteln sind schon im Rohr. Sie führt mich stolz durch ihre funktional gestaltete Garçonnière, zeigt den begehbaren Schrank, die von ihr konzipierten Stauräume und das gut getarnte Klappbett. Wie die meisten Wohnungen ist auch ihre mit Balkon ausgestattet. Dieser eröffnet einen Blick auf den Wien-Fluß und die Bäume des Kais. Die Möbel hat sie zum Teil aus ihrer Familie geerbt, sie wußte immer das Schönste zu behalten und Überflüssiges wegzugeben. Auch der Schreibtisch ist herausklappbar, sie hat ihn sich selbst ausgedacht und vom Tischler machen lassen. Man sieht, daß die dahinter befindlichen Schreibutensilien in Gebrauch sind - um Buchhaltung kümmert sich Franziska Hobegger als fast Neunzigjährige zwar kaum mehr, aber sie ordnet immer noch gerne für die Gemeinschaft: zum Beispiel Reiseunterlagen, die sie ihren 76 Wohngenossinnen zur Verfügung stellt.

Die leidenschaftliche Junggesellin hat Dokumente zur Geschichte dieses erstaunlichen Wohnprojektes vorbereitet, zeigt Fotos vom

Bau und den Plänen oder die Satzungen der Genossenschaft. Am Anfang hatten sich vor allem Krankenschwestern und Lehrerinnen beworben, die des Wohnens in Untermiete überdrüssig waren. Franziska Hobegger, die in ihrer langen Wohnzeit auch schon Aufsichtsratmitglied war, bedauert, daß es nicht immer engagierte und geeignete Wohngenossinen sind, die auf Empfehlung in die Gemeinschaft aufgenommen werden: "Es wäre gut, wenn Leute genommen würden, die gescheit sind, politisch denken, gemeinschaftlichen Sinn und etwas gelernt haben." Sie geht wohl von ihren eigenen Kompetenzen, ihrer Auseinandersetzung mit den Gesetzen und den Satzungen, den wirtschaftlichen und sozialen Notwendigkeiten aus. Trotz ihres kritischen Untertons, der sich auf so manche Erfahrungen mit gemeinschaftlichen Diskussionen bezieht, ist sie davon überzeugt, daß Frauen ein solches Projekt in dieser Form leichter führen können als in gemischtgeschlechtlicher Besetzung. Noch heute ist es ein Kündigungsgrund, wenn eine Bewohnerin einen Mann oder eine zweite Person in ihrer Garçonnière dauerhaft mitwohnen läßt. Wer heiratete, zog aus. Daß die Genossenschaft nicht in Eigentum umgewandelt wurde, wie zwei Geschwisterprojekte in Mauer und Ober St. Veit, hat unter Umständen die Grundidee des Projektes in Penzing erhalten. Ursprünglich sollte neben einer Friseurin und einer Kosmetikerin auch eine Schneiderin im Haus arbeiten. Am Anfang gab es auch eine Ärztin im Haus - die spätere Gesundheitsministerin Leodolter hatte hier ihre Privatordination.

In einem dieser im Dachgeschoß befindlichen Räume hat Franziska Hobegger nun ein Archiv der Genossenschaft eingerichtet und bedauert, daß sich unter den Jüngeren heute kaum jemand mehr für die Pioniersgeschichte dieses erstaunlichen Baus interessiert.

C. B.

FRIEDL HOFBAUER

"Irgendwo muß ich einen Kelten in mir haben, einen alten." Friedl Hofbauer sitzt mir gegenüber und löffelt Karameleis. Sie erzählt mir von Merlin, dem Zauberer, und von dem Buch, das sie über ihn geschrieben hat, "Die Insel der weißen Magier" (1987). Zehn Jahre lang hat sie daran gearbeitet, ist nach England und Wales und also gewissermaßen dem Spuk nachgefahren. Interessiert an der Geschichte hat sie vor allem, daß durch die Eroberung der Römer und die Zerstörung der Kultur der Druiden "die Einheit der magischen Welt" zugrunde ging ... – und schon sind zwei Stichwörter gefallen: jenes der Einheit und das der Magie. Denn Friedl Hofbauer ist selbst eine Magierin, die verloren geglaubte Einheiten – in der Sprache, im Leben – auf/findet und in ihren Texten und Arbeiten sichtbar macht.

Zum Beispiel: Sie streckt mir ihre Handfläche entgegen. Was ist das? – Und schon sind wir mitten im Reimen, im Spielen, in ihren "Fingerspielen"; und sie macht mir an mir vor, wie sie mit Kindern von einer Hand auf Finger, von Fingern auf ein Stopsignal, von einem Stopsignal auf ein Tier, von einem Tier auf den Igel und schließlich zu einem Reim kommt: "Ich hab den Reim nicht erfunden, der hat sich gefunden." Solcherart ist die Magie der Friedl Hofbauer: einfach, klar und doch überraschend. Eine, die sich (wie) von selbst schreibt, die sich durch sie hindurch in die Welt stellt und dort eine größere Einheit bildet: denn alles hängt mit allem zusammen, es ist nur eine Frage der Bewegung, des Rhythmus, der Musikalität – und auch der Offenheit. Ganz ähnliche Erfahrungen vermittelt sie über ihre Arbeit an Theaterstücken mit behinderten Kindern – deren Behinderungen umgedeutet werden zu Rollen und also zu Stärken und so "hat sich dann eine Fabel zusammengetan" – oder anhand einer ihrer vielen, mehrmals preisgekrönten Übersetzungen – wenn sie die Bedeutung und lautmalerische Qualität des japanischen Ursprungswortes aufgrund einer vorliegenden Rohübersetzung instinktiv erfühlt.

Eine andere Einheit: zwischen dem Kind, das man selbst einmal war, und dem Menschen, der man heute ist. Friedl Hofbauer wurde 1924 in Wien geboren, ihr unmittelbarer Lebensraum war über Jahre und Jahrzehnte der 7. Bezirk, in dem die elterliche Wohnung lag, aber auch der 6. und der 8. Bezirk, letzterer vor allem durch das kleine Friseurgeschäft der Mutter. Dort fanden sich die Kunden und Kundinnen eher spärlich ein, der Vater war seit 1926 arbeitslos, kurzum: die Eltern hatten viel Zeit für ihre Tochter. Sie waren keine belesenen Menschen, aber doch weltkundig, weltoffen - der Vater war "aus dem Wienflußdelta gekommen", um Kellner zu werden und als solcher in London und Paris, auch im Wiener Sacher zu arbeiten - und die Atmosphäre zu Hause war geprägt von Wärme, Verständnis und Vertrauen – weshalb ihr diese Zeit wohl auch als schöne in Erinnerung blieb, wenngleich keineswegs als leichte! In dem bereits 1981 erschienenen Buch "Der Engel hinter dem Immergrün", das demnächst neu aufgelegt werden wird, beschreibt Friedl Hofbauer ihre Kindheit in der Zwischenkriegszeit: "Die Stimmung, die da war ... das bibbert ja jetzt auch: Was wird sein? – Anders, aber die Ahnungslosigkeit von dem, was war, ist – glaube ich - nicht ganz ungefährlich." Nach Matura und Arbeitsdienst inskribierte sie 1943 Germanistik an der Universität Wien; parallel zum Studium begab sie sich auch in die völlig andere Welt der Gewerbeschule in der Mollardgasse und erlernte den Beruf der Friseurin – vor allem, um der Mutter helfen zu können; kaum, um sich ein zweites Standbein zu verschaffen, die Eltern wollten immer, daß es ihr einmal besser gehen sollte.

Und dann: das Kriegsende. Plötzlich ging die Welt auf und man konnte Sartre und Kafka lesen! Aber "sogar ‚Reader's Digest' war schon eine Offenbarung!" Bereits 1946/47 veröffentlichte Friedl Hofbauer eine erste Fortsetzungsgeschichte für eine Kinderzeitung. Recht schnell kam sie so in Kontakt mit Kollegen und Kolleginnen, steckte ihre Nase in all die Gruppen, die nun - wo alles anders, nämlich luftig war - wie die sprichwörtlichen Pilze aus dem Boden schossen. 1962 erschien ihr erstes Kinderbuch, "Der Schlüssel-Bund-Bund". "Das hab ich halt geschrieben, in ein Loch hinein. Und dann war ich halt drin." Der Lektor des Verlags Jugend & Volk bat sie - nach dem großen Erfolg von Christine Bustas "Sternenmühle" – um einen Kindergedichtband: 1966 war sie da, "Die Wippschaukel". Was wir heute unter moderner Kinderliteratur verstehen, das entstand in den fünfziger und sechziger Jahren – und Friedl Hofbauer war eine jener jungen Autorinnen (und Autoren), die an dieser Entwicklung ganz wesentlich beteiligt waren. Eine Entwicklung, die übrigens nicht zuletzt aufgrund besonderer Rahmenbedingungen möglich geworden war: neu gestiftete Preise für Kinder- und Jugendliteratur förderten die Arbeiten jener Autoren und Autorinnen – nicht zuletzt auch durch finanzielle Mittel; außerdem war das Verlagsnetz für diesen Sektor der Literaturproduktion verhältnismäßig günstig ausgestattet, tatsächlich zeigten sich die Verlage interessiert und engagiert; die Autoren und Autorinnen selbst verband ein intensiver und fruchtbarer Austausch und viele Freundschaften. "Eigentlich ist es fast ein bißchen eine Familie – und die ist nicht klein!"

Eine weitere Einheit: die zwischen den Generationen. Friedl Hofbauer steht den Jungen nahe, jungen Kollegen, mit denen sie zusammenarbeitet, und jungen Freunden. Aber das Schreiben bringt sie nicht nur in Kontakt zu sich selbst oder dem Kind, das sie war; es ist, was es ist durch ihren Kontakt zu den Jüngsten: ihre Kinder- und Jugendbücher seien mit ihren eigenen Kindern und deren Freunden und später mit ihren Enkeln – man möchte ergänzen: harmonisch, oder: organisch – mitgewachsen. So hat auch für sie einmal alles begonnen: Mit Reimen, mittels derer sie sich mit ihrer Mutter verständigt hat, um das Alltäglichste auszutauschen, mit einem Spiel also, "Jonglieren mit der Sprache". Und von daher rührt sie, die Liebe zur Sprache: vom "mittelständischen Dialekt" an der Grenze zu Ottakring, von der "Farbigkeit und Einmaligkeit jedes Wortes, jedes Buchstaben".

Vielleicht wurde auch deshalb ihr erster Roman einer über Ferdinand Raimund – und damit einer über den 6. Bezirk in Wien: nicht nur der Geschichten, auch der Sprache wegen ("Am End ist's doch nur Phantasie" 1960). Und wahrscheinlich war sie auch deshalb so von den Möglichkeiten des Hörspiels fasziniert, weil der Zuhörer sich gewissermaßen der Sprache (und einer Stimme) ausliefert. Friedl Hofbauer hat also keineswegs ausschließlich für Kinder geschrieben; sie hat Hörspiele, Übersetzungen und Reportagen verfaßt, viele Lesungen gegeben, denn – so sagt sie zwischendurch – "von irgendwas muß der Mensch ja leben". – Und übrigens ganz besonders der Mensch, der zwei Kinder aufziehen und sich mit ihnen durchschlagen muß. Auch Magierinnen müssen gelegentlich ihr Zauberbuch versenken, denn sonst bleibt alles nur ein Traum. (- Und so macht es auch – wenngleich aus anderen Gründen! – der Prospero aus Shakespeare's "Sturm", den Friedl Hofbauer 1992 im Auftrag des Verlags St. Gabriel für Kinder nacherzählt hat!) S. SZ.

THEA LEITNER

Thea Leitner ist eine Dame aus Wien. Sie ist selbstbewußt, ja energisch und zugleich humorvoll, gelassen und großzügig. Sie empfängt mich an der Tür ihrer kleinen, aber lichtdurchfluteten modernen Wohnung, kocht schnell Kaffee, sitzt während des Gesprächs sehr entspannt in einem großen, alten Fauteuil, die Beine hochgelagert. Sie bietet mir eine ihrer Zigaretten an, eine neue Marke und wir tauschen uns ausführlich über deren Geschmack aus ... Die Möbel und die Bilder an den Wänden stammen zum größten Teil noch von ihren Eltern, Familienerbstücke gewissermaßen. Sie wirken wie ein Mensch, der alles umsetzt, was er sich vorstellt, frage ich. "Ja", sagt Thea Leitner ohne zu zögern – und ergänzt: "Das ist aber nicht mein guter Charakter, das ist einfach dieses Eingetrichterte, diese irrsinnige Disziplin."

Disziplin, Systematik und Ordnung – das waren die Grundprinzipien der Erziehung ihrer Eltern. Thea Leitners Vater war österreichischer Berufsoffizier, ihre Mutter kam ursprünglich aus der Gegend um Dresden, sie war eine strenge, von sächsisch- puritanischen Werten geprägte Frau. Die beiden mußten ein großes standesgemäßes Haus führen, obwohl das Geld so knapp war (Berufsoffiziere verdienten traditionell schlecht), daß man sich etwa nicht einmal Straßenbahnfahrscheine leisten zu können glaubte und möglichst alle Wege zu Fuß erledigte. Vor diesem Hintergrund wuchs Thea Leitner, wie sie selbst sagt, "ungeheuer behütet" auf. Sie maturierte, mußte dann zum Arbeitsdienst, da sie studieren wollte: Französisch, Malerei und Kunstgeschichte. Noch während des Krieges heiratete sie ihren ersten Mann, der wie ihr Vater Berufsoffizier war. Ihre Tochter kam zur Welt. Sehr bald, nach Kriegsende, war sie gezwungen zu arbeiten. Denn nicht nur war ihr Mann arbeitslos, die materielle Situation der Familie war insgesamt prekär: Der Vater war 1938 – aus politischen Gründen - mit halben Bezügen zwangspensioniert worden (- ab 1945 bekam er allerdings wieder die ihm zustehende ganze, aber dennoch geringe Pension); in der riesigen Wohnung wohnten nicht nur die Eltern und Thea mit ihrer Familie, zudem mußten auch die Großmutter und eine Schwester des Vaters mitversorgt werden.

Vom Arbeitsamt wurde Thea Leitner, zunächst an ein Dolmetschbüro vermittelt, um Identitätskarten zu übersetzen. Aber dieses Dolmetschbüro wurde nach einiger Zeit geschlossen – die Polizei hatte erkannt, daß die Übersetzung der Identitätskarten ein lukratives Geschäft war und übernahm die Aufgabe selbst. Was nun? – Zwei Posten standen bald zur Auswahl, der respektable einer Sekretärin in der neuen Agfa- Niederlassung in Wien; oder jener einer Übersetzerin für die französische Nachrichtenagentur. Gegen den Widerstand der gesamten Familie entschied sich Thea Leitner für die französische Nachrichtenagentur, denn eigentlich wollte sie ja Journalistin werden. Während der Zeit im Arbeitsdienst hatte sie bereits Gelegenheit, mit einem Redakteur der Wiener Neuesten Nachrichten darüber zu sprechen, der auch bereit gewesen wäre, ihre Bewerbung zu unterstützen, aber aufgrund der politischen Haltung ihres Vaters wurde Thea Leitner abgelehnt – im Nachhinein besehen ein großes Glück, denn die "waren ja natürlich braun wie alle anderen Blätter". Die französische Nachrichtenagentur in Wien sollte nun jedoch ihr Sprungbrett werden: nach deren Auflösung stieg sie als Reporterin bei der von der französischen Besatzungsmacht finanzierten Zeitung, "Die Welt am Abend", ein. Sie arbeitete dort in der Lokalredaktion, anfangs unter Ernst Hagen, dem späteren Erfinder des "Seniorenclub" im ORF, dem sie als Leiterin nachfolgen sollte. Auch in der "Weltpresse" war sie noch als Lokalchefin, als Spezialistin für "Mord und Totschlag", beschäftigt. Sie erzählt mir von von den Recherchen zu ihrer Serie über die ersten weiblichen Polizistinnen: Thea Leitner nahm als getarnte Kriminalbeamtin an Razzien durch Stundenhotels und Nachtlokale teil und fuhr in der "Grünen Lisl" mit einer Ladung Prostituierter mit: "Journalismus war damals ein Abenteuer."

Allemal zeigte sie sehr früh ein spezielles Interesse an Frauenthemen. "Na ja, weil ich aufgewacht bin!", sagt sie. Sie habe begonnen, Kate Millett und Simone de Beauvoir zu lesen und ihr zweiter Mann, Sebastian Leitner, den sie Ende der vierziger Jahr als Kollegen im "Neuen Österreich" kennen gelernt hatte, bestärkte und förderte sie in dieser Entwicklung. Bei einem Abendessen mit dem damaligen Chefredakteur des "Kurier", Hugo Portisch, entstand dann auch die Idee zur Serie "Frau Sein in Österreich", die 1972 viel Aufsehen erregte: Es war dies die erste

Bestandsaufnahme über die Situation der Frau in Österreich, in der Gesellschaft im allgemeinen. In den seither vergangenen siebundzwanzig Jahren, resümiert Thea Leitner, "hat sich eine Menge geändert", aber "das Erschreckende ist, daß eine Menge sich nicht geändert hat" – und wir sprechen über die immer noch bestehenden Lohnunterschiede zwischen Männern und Frauen, die fehlenden Kinderbetreuungsplätze, die oft immer noch schlechteren Karrierechancen für Frauen.

Ende der siebziger, Anfang der achtziger Jahre beginnt Thea Leitner, die ihren Enkelsohn betreut, Kinderbücher zu schreiben, die allesamt große Erfolge sind und in viele Sprachen übersetzt werden. In einem anekdotischen Wien- Führer, den ihr ihr Mann schenkt, stößt sie zufällig auf Leopoldine, eine Tochter Kaiser Franz I.: Die ungewöhnliche Biographie dieser Frau beginnt sie zu interessieren, sie schreibt – 1987 - ein Habsburger- Buch ("Habsburgs verkaufte Töchter"), das der Verlag zunächst gar nicht haben will, und löst damit einen Boom aus. Weitere historische Sachbücher folgen und auch jetzt arbeitet sie wieder an einem solchen: Es geht um "Habsburgs goldene Bräute", um jene Frauen, die Macht und Reichtum in die Familie brachten, von ihren Männern jedoch – um es vorsichtig zu formulieren – nicht mit der nötigen Hochachtung behandelt wurden ... "Also es ist unbeschreiblich, ich rege mich so auf beim Schreiben, ich kann Ihnen gar nicht sagen wie ...!" – so der leidenschaftliche Kommentar Thea Leitners.

Ich schaue mich um: Auf einem der Bücherregale steht eine Reihe älterer und neuerer Fotografien – und darunter findet sich das Bild Theodor Körners. Er sei ein Freund ihres Vaters gewesen, als Vierzehnjährige hatte sie ihn erstmals getroffen. "Er war ein wundervoller Mann", mit dem sie eine "sehr schöne Freundschaft" verband. Thea Leitner schrieb auch seine erste Biographie ("Körner. Aus der Nähe.") - sein Kabinettschef, "ein gewisser Bruno Kreisky", war an sie herangetreten. Während der zwei Stunden, die ich mit Thea Leitner verbringe, höre ich viele ähnliche und auch ganz andere Geschichten. "Das wichtigste für mich ist zu arbeiten", sagt sie abschließend, Arbeit sei eine Notwendigkeit für sie, die ihr in vielen Krisen und nicht zuletzt auch nach dem Tod ihres Mannes Halt und Trost gegeben habe. Entspannen könne sie sich kaum - aber wenn, dann nur beim Bridge Spielen und beim Schwimmen. S. SZ.

Lisl Ponger, geb. 1947 in Nürnberg. Fotoklasse an der Graphischen Lehr- und Versuchsanstalt in Wien. Von 1974 bis 1978 Aufenthalt in USA und Mexiko. Filme seit 1979. 1994 Würdigungspreis für Filmkunst. Kuratorin für Kurzfilm bei der Diagonale 1995. Mitglied der Wiener Sezession. Gastprofessur für Künstlerische Fotografie an der Universität für Angewandte Kunst 1998/99.

Fotobücher und Ausstellungen

Doppleranarchie - Wien 1967-1972/1991 Falterverlag · Fremdes Wien/Wieser Verlag 1993. Xenographische Ansichten/Wieser Verlag · Ein Wortland/Peter Handke, Lisl Ponger/Wieser Verlag · Wiener Einstellungen/work in progress: Vom Himalaya nach Afrika/Wieser Verlag.

Filme zwischen 1979 -1998 14 Filme · 1999 Deja-vu

Sylvia Szely, geb. 1967 in Wien. Studium der Germanistik, Geschichte und Filmwissenschaft. Co-Konzeption und -Organisation eines filmwissenschaftlichen Lehrgangs an der Geisteswissenschaftlichen Fakultät der Universität Wien (1994- 1996 + 1998-2000); daneben auch immer wieder freie filmwissenschaftliche und künstlerische Projekte. Seit 1992 diverse Publikationen, 1998 Druckfassung der Diplomarbeit "HEIMAT/ BILDER" (Edition Praesens). 1999 Präsentation eines von der DIAGONALE in Auftrag gegebenen Forschungsprojekt zum österreichischen Fernsehspiel/-film der siebziger Jahre.

Christa Blümlinger, Dr. phil, geb. 1963; dzt. Universitätsassistentin an der Freien Universität Berlin (Seminar für Filmwissenschaft). Zahlreiche Tätigkeiten als Film-, und Medienwissenschafterin in Wien, Salzburg und Paris (universitäre Forschung und Lehre), sowie als Publizistin und Kritikerin, als Kuratorin u.a. für die Festivals "Duisburger Filmwoche" und die "Diagonale". Veröffentlichte u.a. in den Zeitschriften "Trafic", "Iris", "Blimp", "Eikon", "Meteor", "Camera Austria", "montage/av", "springerin" und "Cinema"; journalistische Arbeiten u.a. für "ORF", "ZDF-3-Sat", "epd-film" und "NZZ". Gab zuletzt "Ohne Untertitel. Fragmente einer Geschichte des österreichischen Kinos" heraus (Wien 1996, gem. mit Ruth Beckermann) und Film Geschichten (ÖZG 4/1997).

Impressum

Medieninhaberin und Verlagsort:
MA 57 - Frauenförderung und
Koordination
von Frauenangelegenheiten,
Friedrich Schmidt Platz 3, 1082 Wien

Graphic Design: Atelier Olschinsky
Druck: AV Druck
Wien, Dezember 1999

ISBN: 3-9500978-6-4